私の親鸞

孤独に寄りそうひと

五木寛之

新潮選書

はじめに

こんにちは、五木寛之です。

こうして皆さんの前で親鸞についてまとまったお話をするのは、はじめてで、いささか緊張するところがあります。できるだけ難しい専門用語などを使わずに話をすすめていきたいと考えていますので、まあ、肩のこらない雑談と思ってください。しかし、これまで自分の中でひそかに問い返してきた率直な思いを、勇気を出してありのままに告白し、語ってみようという気になりました。私にとっては、これが最初で最後の機会になるのかもしれないという予感があります。

私は今年の秋で八十九歳になりましたが、どうも、年ごとに迷いが深くなってきて仕方がありません。若い時はこれをしたいという目標もあり、世の中とはこういうものだという若いなりの割り切り方もあった気がしますが、何かにつけ年ごとに迷いが深まっていくのはどうしたものでしょうか。親鸞についても、これまでいろいろ考え続けてきましたが、勉強すればするほど、なぜかその姿がどんどん遠景に退いてしまうような不思議な感覚があるのです。

近年、親鸞を論じる若い方々の描く親鸞像は実に明快で、力強く鮮やかに感じられます。しかし、人は誰にしても年を重ねていくごとに表現が曖昧になっていくのは仕方がありません。それは必ずしも加齢によるボケなどというものではなくて、考え方が深くなっていくにつれて暗くなっていく、むしろ分からなくなっていく、そういうものではないかと思ったりもするのです。

私の世代は、両親をはじめ五十歳前後に亡くなった人が非常に多くて、それに比べて自分が馬齢を重ねてここまで生きて来られたのはまさに僥倖、という戦中派の諦めみたいなものがあるのです。ありがたいことに死への恐れや不安がないのは、単に自分が直面していないからかもしれませんね。

親鸞は九十歳まで生きましたが、その頃の親鸞は何を考えていたのか。最近はもう字も忘れてしまって、などと親鸞自身が晩年に自嘲的に書いているのはよく知られたことですが、しかし自分がその歳に近くなっても、親鸞についてはなかなかすっきりした答えは出てきません。

　ですからこの本でも、何かまったく新しい親鸞像を提示しようという野心があるわけではありません。小説としてはすでに書いたし、私は歴史学者でもなければ宗教学者でもないので、新史料を発掘したりするわけにもいかない。そうではなく、あくまで私個人の体験、私個人の関心に基づいて、「私の親鸞」についてお話をしてみたいと思うのです。

　論文のように一本調子で進むのではなく、なるべく雑談風に回り道をしながら、ゆっくりと親鸞を語ってみたい。そうすることによって、真宗教学や学術論文で論じられる「聖人」としての親鸞ではなく、「生身」の親鸞に少しでも近づいていけるのではないか。

　この本の中では、これまで長いあいだ封印してきた戦後の私の体験についてもお話ししました。それは私が親鸞という存在に惹きよせられた成り行きのようなものかもしれません。こうして一歩ずつ親鸞という暗く深い森へ踏み入っていくことになるような予感があります。はたして、何かしら皆さんの心に残る親鸞像を語ることができるのか、それとも一場の笑い話で終わるのか、もとより皆さんの判断に委ねるしかありません。しばらくのあいだ私と一緒に親鸞を辿り直す旅にお付き合いいただければと思います。

私の親鸞　孤独に寄りそうひと　目次

私の親鸞　孤独に寄りそうひと

第一章　親鸞のほうへ

親鸞その人の息づかい

人間は歳をとると、だれでも病気をしたり腰を痛めたりと、いろいろ身体の調子が悪くなるものです。ところが、親鸞は九十歳という当時としてはたいへんな高齢で亡くなっているのに、不思議なぐらい、あまり病気の話が出てこない。

「いささか所労のこともあれば、死なんずるやらんとこころぼそくおぼゆる」

つまり、風邪を引いて具合が悪くなったりすると、もう自分は死ぬんじゃないかと不安になる、と『歎異抄』の中にほんの一行出てきたりはします。また、妻の恵信尼《えしんに》の回想のなかには、親鸞が高熱を出してふせったりする話が出てきますし、弟子の唯円《ゆいえん》に体調が悪いことを告げたりもしています。しかし、そのぐらいのもので、親鸞と病気についての研究というのも見当たりません。

今とくらべたら衛生状態も栄養状態もひどい時代に、京都から越後、さらに関東、そしてまた京都へと国中をあちこち放浪しながら、なぜ九十歳まで生きることができたのか、考えてみたら実に不思議ですね。

親鸞が一体どういう生活をしていたのか、どんな人柄で、たとえば孫とどんなふうに接していたのか、そういうことは小説家の俗な関心です。でも、日本で十人の思想家を挙げれば、必ずと言っていいほど入る存在でありながら、私生活についてはほとんど分からない。これは本当に不思議な存在だと思うのです。

浄土真宗の公的な記録や学者さんたちの間では、親鸞がどんな生涯を送ったか、信心のありかた、六角堂に籠もったときのいきさつなど様々な定説がありますが、親鸞その人の息づかいが感じられるようなエピソードとなるとほとんど出てこないような感じです。

多少ともその気配が出てくるとすれば、やはり『歎異抄』ぐらいでしょうか。それ以外では、恵信尼との往復書簡がありますが、そこにも親鸞の個人的な性癖、あるいは日常生活の様子に触れた部分はそれほど出てきません。

そういう俗なことは、親鸞の思想を論じる上でまったく必要ないではないか、そう考える方もおられるでしょう。しかし、私は小説家の性《さが》でしょうが、それらすべてを含めた血肉の通った存在として、親鸞を丸ごと理解したいという気持ちが強いのです。

それゆえに親鸞の息づかい、表情や言葉遣いなどに執着して、あれこれ探してみるのですが、どうにも見つかりそうにありませんでした。

敗戦と引き揚げの体験

「そもそも、どうして五木さんは浄土真宗に関心を？」

以前、上智大学で宗教学者の島薗進さんと対談させていただいた際、島薗さんにそう聞かれましたが、べつに理由というほどのものはないのです。ただ、物心ついたときには家に仏壇があり、その前で両親が時々お勤めをしていた。そのとき両親が唱えていたのが「正信《しょうしん》偈《げ》」で、はやく亡くなった母親にこう言われたこともありました。

「ヒロちゃんがね、まだ三つか四つぐらいの頃、私たちが正信偈をリズムをつけて唱えると、後ろでそれに合わせてタコ踊りみたいな踊りを踊ってたのよ」

まあ、私ども日本人というのは、宗教というと、だいたいが「家《うち》のご宗旨」「うちのお寺さん」ぐらいの感じで、教義まで知っている人はそう多くありませんね。「お宅のご宗旨は?」と聞くと、「お寺は曹洞宗です」とか「真言宗です」「浄土真宗です」などという答えが返ってくる。中には自ら選んで信心を得て入信するという人もおられますが、私の場合は、自ら選んで浄土真宗の家に生まれたわけでもなくて、おぼろげな記憶の中で両親が「正信偈」を唱えていたからには、きっとうちの宗派は浄土真宗だったんだな、それぐらいなんですね。

私が親鸞という人とある程度深い精神的な接触というか、心のふれあいができたのは三十歳前後のことだったと思いますが、それについては後でお話しします。

七十余年前の中学一年の夏、敗戦という思いがけない出来事がありました。十二歳の私には予想もつかないことで、「日本が敗けたって? どういうことなんだ。この神国日本が負けるわけがない、神州不滅と言われていたのに……」というぐらいに意外でした。

そして敗戦をきっかけにして旧植民地の支配者、その一族として外地に住んでいた日本人は、一夜にして難民のような状態に陥りました。

私が住んでいたのは北朝鮮の平壌《ピョンヤン》ですから、中国東北部の旧満州、とりわけソ連国境に近い辺りにおられた方たちに比べると、その百分の一くらいの苦労だったかもしれません。しかし、それでもソ連軍の戦闘部隊が平壌に進駐してからしばらくは、何とも言えないような日々が続きました。

敗戦後、北朝鮮での引き揚げはいっこうに始まりませんでした。じつはその頃、日本で開かれていた政府の会議で、こういう話になっていたそうです。

「国内は食糧難その他、たいへんな問題が山積している。今ここに復員兵と引き揚げ者が外地からどっと押し寄せてきたら、とてもじゃないが対応できない。当分の間、現地にとどめておいたほうがいいんじゃないか」

後でそのことを知って私は怒りで頭に血が上りましたが、要するに、棄民ということですね。

引き揚げ、と一口に言いますが、その内実はほんとうに千差万別です。ごくスムーズに内地、日本列島に戻って来られた方もいれば、まさに地獄のような極限状態を体験された方たちもいる。中には何百人というグループで鴨緑江を越え、長白山脈を越え、そして三十八度線を越えたときには最初の十分の一の人数になっていた、そんな悲劇も多かったのです。

私の家族も引き揚げが始まらないまま、しばらくは平壌に抑留されたような状態でした。

収容所のようなところでまとまって暮らしていましたが、そこでは言語に絶するような体験が色々とありました。

結局、このまま待っていても引き揚げは期待できないということで、ひそかに脱北を試みたわけです。一度目と二度目はうまくいかずに失敗し、グループのリーダーたちは酷い拷問を受けましたが、三度目にようやく成功して、徒歩で三十八度線を越え、開城《ケソン》附近にあった米軍の難民キャンプに収容されました。

その過程を通じた一年半から二年間のうちに体験したことは、できることなら思い出したくないことばかりです。

語りたくない記憶

戦争の記憶と同時に、引き揚げというのも民族の大きな歴史です。

若い頃、何とか後世に記憶を残さなければならないと思い、旧満州で最も苦労されたであろう開拓者が多く出た信州やその他の地方に、録音機を担いで何度か取材に行ったことがありました。

しかし、そういう引き揚げ者のかたがたに、「大変なご苦労があったそうですが――」と話を向けても、特に悲惨な体験をしたにちがいない人ほど、「ええ、それはもう、色々とございました。でもおかげさまで、今はこうして暮らしておりますので」とかすかに微笑むばかりで、ほとんど何も話してくださらないのです。

逆に、すごく饒舌に当時の悲劇をお話しになる方もいますが、そういう話は意外と当てになりません。他人の体験と自分の体験がごちゃ混ぜになっていて、繰り返し何度も人に話しているうちに、起承転結のよくできた物語になってしまっているんですね。

雄弁に語ってくれる方の話は信頼度が低く、本当に大変だったはずだと目星をつけた方はほとんど話してくださらない。結局、その計画は諦めざるを得ませんでした。

考えてみると、それは私も同じなんです。敗戦の翌月、混乱の中で母親が亡くなり、その後は長男として、幼い妹と弟を養いながら引き揚げの日々を過ごしたわけですが、その間にあったことは小説にも書いていません。

一度だけ、母親のことをエッセイに書きましたが、「大変だったんですね」と水を向けられても、「いや、もう色んなことがありまして」と返すぐらいで、自分のほうから語りたくはないのです。

なぜ語りたくないか。いろんな理由があるでしょうが、たぶん、それは自分たちが一方的に被害を受けたわけではないからかもしれません。

私たちがかつて植民者の一族として、かの地に君臨していた時代があった。そのこと自体がたいへんな負い目であり、それと同時に、ソ連軍の野蛮なふるまい、戦争直後の状況下で起きた言葉にできないような様々な出来事に関して、自分が一方的被害者ではなかった。そのことを思い返すと、どうしても言葉が出てこないのです。

たとえば、国境線を越えるトラックに、「あと二人乗れるよ」と言われて、何人かが先を争って荷台によじ登ろうとします。すると先に上った二人は、後から乗ろうとする仲間を足で蹴落とし、あるいは突き落として車を出してしまうしかない。

平壌に進駐してきたソ連兵に丸刈りで入れ墨をした元囚人兵が多かったのは、ソ連の戦闘部隊はそういう連中を第一線において、その後から正規軍が進駐していくという方式だったからだと言われています。そのため、チンギス＝ハンのヨーロッパ侵攻ではありませんが、非常に乱暴かつ言語に絶する出来事がたくさん起きました。

夜、ソ連兵は日本人が避難している倉庫に、自動小銃を抱えて押しかけてきます。

「マダム、ダヴァイ（女を出せ）！」

誰も抵抗できない、どうしようもない状況でどうするかというと、日本人同士で話し合い、誰に出てもらうかを決めるしかないのです。

「あの人は赤ちゃんがいるからダメ」、「この人にはそんなことは無理」、「だったら、水商売をしていたあの人がいるじゃないか」

というように、言葉は悪いですが、みんなで「いけにえ」を決める。無言の圧力というか、出ざるを得ないその場の空気に押し出されるように、人身御供として何人かの女性がソ連兵に提供される。そういう場面が再三ありました。

それはソ連兵に無理矢理、腕ずくで強奪されたということではなくて、私たち日本人が同胞を衆の圧力をかけて提供した、ということです。

さらに言葉にしがたい、心に深い傷を負うようなこともありました。そうやって犠牲になった女性が朝方になって収容所に帰ってきます。中にはそのまま戻って来ない人もいましたが、まるでボロ雑巾みたいになって帰ってくる女の人もいた。あるとき、私のそばにいた子ども連れの母親が早口でこう言ったんです。

「あの人に近づいちゃダメよ。悪い病気もらってるかもしれないからね」

これは、およそ人として言える言葉ではありません。

そんな体験をくぐりぬけて生きているものですから、私は「日本人同士」という言葉に対して人に言えない深い疑念を抱いています。そして私たちは、何かの折に、日本人でも、人間でもない存在になり果ててしまうことがある。私たちはそういう可能性を持った生きものだということです。

「許されざる者」としての自分

その当時、日本人の間で発疹チフスが大流行していました。朝鮮との国境に近い延吉《えんきつ》という土地から来た人に多かったので延吉熱とも呼ばれましたが、これに罹《かか》ると体中にピンクの発疹が出て、すぐに亡くなってしまいます。

収容所では発疹チフスが蔓延し、赤ん坊は栄養失調になり、ちょっと風邪を引いたぐらいでも肺炎になって次々に死んでしまう。そういう絶望的な状況でした。

「何とかして子どもには生きていてほしい。この子を現地の人に預けたいが、誰か欲しい人を見つけてくれませんか」

子どもを抱えた母親から、そういう相談を受けることもありました。極限状態のせいか、私自身さほど不思議にも思わなかったし、このまま母子一緒に死んでしまおうと考えるより、せめて子どもの命があるだけでも、という発想が当たり前に思えたのかもしれません。

そのころ、日本人の子どもというのはとても評判がよくて、植民者として敵視されながら、現地の人たちはどういうわけか、日本人の子どもを欲しがりました。

食べていくために闇市のようなところで色々物を売り買いしていると、「日本人の子どもを売りたい人はいないか」と相談を受けることがありました。子どもをゆずりたい、という母親がいると、ある程度のお金や食糧などを用意してもらい、話がまとまったら、子どもが受け渡されるんですね。

これは昔の「女衒《ぜげん》」のような行いで、最も卑しむべき、人間のするべきことではありません。

しかし、内地と言いますか、この日本列島に引き揚げてきて普通の生活に戻ると、その当時のことはもう現実とは思えないのです。あれは夢だったのか、幻だったのか。自分は本当にそんなことをしたんだろうか。あの出来事は本当にあったんだろうか……そういう何とも言えない気持ちになるのです。

それを自分の心の裡にしまって鍵を掛けるんですが、鍵を掛けたところで、やっぱり記憶というものは残ります。

私は中学生の時に引き揚げてきて、中学から高校生だったころは『青い山脈』のような青春映画が華やかな時代でした。でも、正直言って、自分の心が本当に晴れ晴れしたという青春期の記憶が一度もないのです。

どんなに愉快なこと、楽しいことをしていても、心の中のどこかに一点、曇りのようなものがある。自分は許されざる者なのだ、そういうバイアスが曇りガラスのように常に心の上にかかっていて、何をしていても心底たのしむことができませんでした。

悪を抱いて生きる

自分は人間として許されざる者である——心の中にひそかにそういう思いを抱きながら、二十代を過ごし、やがて三十歳を過ぎた頃、偶然に親鸞の考え方や教えに触れることになります。

そのときはごく単純なものでした。いかなる人といえども、どんなに深い罪を抱いていても救われる。あるいはまた、人間というのは全て悪を抱いた存在である。いわゆる悪人正機といわれる考え方ですね。

私はそれを、自分のような人間でも生きていくことができる、生きていく資格があるんだと単純に受け取りました。そのときは本当に、「ああ、ひょっとすると、この人の考え方によって自分は救われるかも」という感覚がありました。

もちろん、そのときはまだ親鸞の全体像も見えていないし、その宗教的な業績も、どういう生涯を送ったかもよくは知りませんでした。ただ、親鸞という人がこう言っている——あらゆる人は全て悪人であり、人は誰もが悪を抱いて生きている。悪を抱き、深い罪を意識して悩んでいる人たちのためにこそ救いというものはあるのだ、と。

私の親鸞に対するイメージはそれがもとになっていて、実際、そのときは非常に単純なかたちで、親鸞聖人という人、その思想が見えていた気がします。

私ども人間は、生きていくためにさまざまな罪や悪を犯しつつ生きています。しかし、だからと言って、罪や悪を抱いている人間に生きていく資格がないわけではない。罪や悪によって自らの心に深い傷を負い、それを隠して生きている自分。それでもとにかく生きていくのは許されることかもしれない。そう思うことができたのです。

そのとき抱いた親鸞に対する思慕の情、救われると言うと大げさで、思想というよりむしろ感情に近いのですが、「ああ、この人は自分のことを分かってくれるんだ」という感覚があった。別にそこで浄土真宗に目覚めたわけでも、親鸞の思想に開眼したわけでもありませんが、「とりあえず、自分も生きていくことが許される」という感動は非常に大きなものがありました。

それから五年、十年、二十年、三十年が過ぎ、これまで半世紀以上、さまざまな形で親鸞という存在を考え続けてまいりました。しかし、親鸞によって書かれたものを読んだり、あるいは親鸞についての研究書をひもといたりすればするほど、どう言ったらいいか、親鸞聖人が遠くなっていくような感じがあったのです。

では、現在はどうなのか。たいしたことはありませんが、これまで多くの本も読んだし、寺にも通い、京都の仏教系の大学にも一時籍をおきました。『親鸞』（講談社刊）という長編小説も書きました。しかし、今現在の時点でどうかというと、正直なところ、いまだに親鸞という人の姿がぼんやりとしか見えないのです。

親鸞がどんどん向こうへ遠ざかっていって、まぼろしのようにしか見えない。三十歳過ぎのあのころ、人から教えられてはじめて親鸞の存在を知ったときの感動、すぐそばにいてこの腕を取り、背中を叩いてくれるような存在だった親鸞の像が、次第しだいに、年を経るごとに薄らいで遠くなっていく。勉強すればするほど分からなくなり、今ではまさしく「まぼろしの親鸞」という感じになってしまっているのです。

これは一体、どういうことなのか。自分自身に問題があるのか、それとも他に理由があるのか。今こうしてお話をしている動機も、正直言ってその辺にあります。

たとえば、まずは親鸞がどういう顔をしていたのか知りたいと思い、肖像画を探しますね。獣の皮の敷物に座っている「熊皮の御影」や、何か言いたげにしている「うそぶきの御影」など、親鸞の有名な肖像画は何点かあります。

でも、どれを見ても自分があのとき感じていたような、温かい手で背中を叩かれたような感覚が湧いてこないのです。

絵に描かれた親鸞はたいてい不機嫌な顔をしていて、どこか怖いような感じがします。いかにもとっつきにくい顔をしていらして、「うそぶきの親鸞」などは何か傲然とした感じで、気むずかしくて峻厳な人という感じさえしないでもありません。

そういう肖像が伝えられているのは、一体なぜなのか。このことを考えるために、親鸞が描かれた本の口絵をざっと見なおしてみました。歴史的に知られた絵ではありませんが、その口絵もまた、じつに不機嫌そうな顔をした親鸞像でした。

肖像といえばきまってそうなるのは、何か必然性があるのでしょう。『歎異抄』の中に出てくるような、どこか人間臭い表情の絵はないものかと探してみるのですが、これがなかなか出会えませんでした。

隠れ念仏の里で

どこかに温顔の親鸞像はないものか、ずっとそう思い続けてきて、ようやく出会ったのは今から十数年ぐらい前のことでした。『日本人のこころ』（講談社刊）という本のシリーズで、民俗学者の沖浦和光さんなどと一緒に日本中をあちこち歩き回る中で、隠し念仏や隠れ念仏の里を訪ねて旅をして回ったのです。

九州の鹿児島のほうから宮崎、大分の一部に至る、隠れ念仏の里といわれる土地を歩き回っていたときに、ある町でそのわずかな名残を見ることになりました。

たとえば、「まな板本尊」などというのは、まな板を二つに割ると、中から南無阿弥陀仏という名号が出てくる。あるいは普通に祀ってある神棚を動かすと裏にお仏壇があったりと、様々な仕掛けがあります。

ご存じのように江戸時代、島津氏の領内、薩摩藩では浄土真宗が禁教とされていました。その背景にはおそらく加賀の一向一揆があります。守護大名の富樫氏が二十万もの一揆勢に攻められて自刃し、その後「百姓の持ちたる国」といわれる共和国が日本ではじめて北陸の地に誕生する。それが百年もの長きにわたって続いた。これはもうパリ・コミューンどころではない、歴史的な大事件なんですね。

私が金沢に住んでいた三〜四十年ぐらい前は、金沢の至るところに「一向一揆の跡」という札が立てられていたものです。

たとえば、枯木橋という橋のたもとには、「一向一揆のとき、この辺りは戦火に巻かれて全ての家が焼失した。その家々の柱が枯れ木のように残っていたので、枯木橋と呼ぶようになった」などという説明が立て札に出ていたものです。

最近の金沢は新幹線も通って観光都市という新しいイメージで大人気ですが、一向一揆の記憶を記した立て札はいつのまにか次々と撤去され、今ではほとんど見られなくなりました。

観光都市としての金沢は「加賀百万石」としては語られることが多い。それより昔、この地には「金沢御坊《ごぼう》」という大きな宗教組織があり、それを中心とした一世紀近いコミューン、ある種の共和制が行われていたことはほとんど紹介もされず、土地の人々の記憶にも残っていない。そういう状況は金沢にかぎった話ではなくて、ある意味では日本中どこも同じようなものですね。

潜伏キリシタンや隠れキリシタンについては、皆さんよくご存じだと思います。主に長崎や天草の辺りで、幕府による禁教と苛酷な弾圧の中でも信仰を守り通した人々です。たとえば表向きは大日如来としてデウスを祀り、あるいは観世音菩薩として聖母マリアを拝み、人目を逃れてオラショを唱え、そうやって自分たちの信仰を三百年間、秘かに守り通してきた。遠藤周作さんが小説『沈黙』で書かれたような殉教の歴史が、今では世界的にもよく知られるようになりました。

その隠れキリシタンほど有名ではありませんが、先ほど述べたように、九州の南のほうには隠れ念仏という風習があって、藩による厳しい取り締まりの中で、農民や町人、下級武士たちが密かに念仏の信仰を守り続けてきたのです。

その間にもさまざまな弾圧の歴史があり、それが明治の時代になってようやく解禁されるまで、苛烈な迫害に殉教や逃散など多くの犠牲を払いながらも、念仏信仰を守り通してきた土地がある。そういう歴史がどうにも気になるものですから、訪ねて行ったのです。

私が実際に行った隠れ念仏の遺跡は、鹿児島市から車で三十分ほど走った山あいの町にありました。たしか、「かくれ念仏洞前」というバス停で降りて、鬱蒼とした雑木林を抜けて登って行くと巨大な岩があり、その影に小さな入り口があった。そこは洞穴というか、沖縄戦でたくさんの人々が隠れて犠牲になった場所のような自然洞窟です。

身を屈めて中に入っていくと奥のほうが少し広くなっていて、小さな阿弥陀如来があり、祭壇には名号が書かれた札のようなものがパラパラ散らばっていました。

かつて人々は、夜な夜な監視の目をかいくぐり、命がけで人里離れたその洞窟に集まっては念仏を唱え、自分たちの信仰を守り通してきたという。その念仏の声が聞こえてくるようでした。

弾圧の中では打ち首になったり、拷問に遭ったりすることもありました。鹿児島の西本願寺別院の境内には、涙石という石が置かれています。まな板の五〜六倍もあるような大きな石が積み上げてあります。拷問のときに後ろ手に縛って膝の上にその石を一枚ずつのせていく。二枚のせ、三枚のせるたびに骨が砕け、肉は割け、それはもう大変な苦痛が降りかかってくる。そこで自白と「転教」を迫るわけです。

しかし、隠れ念仏の人たちは何度念仏を捨てろと言われても、信仰を守り通して亡くなる人々が多かったという。十数人の念仏者が女も子どももみな体を縛り合って淵に身を投げて死んだとか、そういう場所もいろいろ残っています。

微笑みをたたえた親鸞像

生まれてはじめて、「隠れ念仏音頭」というものにも出会いました。

〽薩摩島津の　この村は
血吹き涙の　三百年
死罪・拷問　くりかえす
嵐のなかの　お念仏

何とも迫力のある歌詞ですね。こうした精神的伝統が隠れ念仏で、東北のほうにある隠し念仏とは少し違います。九州では「隠れ念仏」、東北の岩手などにあるのは「隠し念仏」といいますが、鹿児島出身の稲盛和夫さんから、こんな話をうかがったことがあります。

「そういえば子どもの頃、父親から『誰にもしゃべっちゃいかんぞ』と言われながら提灯をつけて夜道をずいぶん歩いて、林の中にある洞窟の中に入っていったことがあった。考えてみたら、あれは隠れ念仏だったんじゃないか」

こういう伝統、風習が昭和の時期まではまだ残っていたということなんですね。

信仰の自由は回復されても、東北の隠し念仏も九州の隠れ念仏も地下で密かに生き続け、現存しているんだな、とあらためて感じたものでした。

そういう隠れ念仏の里を訪ね歩いていたとき、偶然、壁の後ろに塗り込めて隠してあった親鸞像というのを見せてもらったことがあります。それは小さく折り畳まれ、色褪せた一枚の絵像でした。いや、絵像ともいえない立ち姿の人物像ですが、金釘流の文字で「宗祖親鸞聖人御影」と読めます。

びっくりしましたね。ああ、こんなところにいらしたのか、と言いたくなるような、初めて出会った親鸞の笑顔です。といっても歯を見せてにっこり笑っているのではなくて、かすかに微笑んでいるような、優しげな表情の親鸞像です。

やはり孤立した隠れ念仏の人たちは、どんなに偉大な宗教者あるいは思想家であったとしても、怖い顔をした親鸞聖人より、隠れてでもしっかり教えを守り続ける自分たちを優しく見つめてくれる存在が欲しかったのでしょう。おそらく地元の人が描いたと思われますが、その肖像画の親鸞は、私がそれまで出会った中で唯一の温顔でした。

現在はどうなっているか、今なお隠されているのかも分かりません。しかし、今の教団組織の中では大本山があり、きちんと統制のとれた形で布教が行われている。仏教も中央集権的で、地方によって勝手に色々な親鸞像を作り上げてはまずいということがあるかもしれませんね。

しかし私は、隠れ念仏の人たちが求めた温顔、微笑をたたえた像を見たときに、何十年もかかって自分が出会いたかった親鸞の肖像に出会ったような気がして、本当にほっとしたものでした。

学ぶほどに親鸞が遠ざかる

それから何十年かたって、私も九十歳に近づきました。これまで、数では随分と本を読み、旅をし、親鸞にゆかりのある場所や土地を訪ね歩いてきました。けれど、では今はどうなのだと問われると、頭の中に残っているのは隠れ念仏の里でちらっと見せてもらった親鸞像、その表情がかすかに残っているだけなのです。

私の場合、三十年ほど前に京都の龍谷大学で聴講生として仏教史を学んだものの、勉強というほど勉強したわけではありません。ただ事の次第によって勉強すればするほどに、親鸞の姿はほとんど遠景に遠ざかっていってしまった。いったいなぜなのか、考えこむところがありました。

一つは、活字の問題があるのかもしれません。前にもお話ししましたが、『歎異抄』について、学者の方たちの中にはこういう意見が多いのです。

〈『歎異抄』は親鸞が書いたものではない。弟子の一人である唯円がそば近くに仕え、親鸞とさまざまな会話を交わし、あるいは質問して答えを得、そうやって日常の親鸞の言葉を耳に残るかぎりで記録したものであって、親鸞その人が書いたものではない。

だから親鸞の思想を理解するには、主著『顕浄土真実教行証文類』、すなわち『教行信証』を徹底的に読み抜くこと、それからその他の書きものや手紙、親鸞についての思い出話などを勉強していくべきだ〉と。

しかし、どういうわけか、私が触れられる親鸞の姿、肉体的な存在感が活字を通して浮かび上がってくるのは、唯一『歎異抄』ぐらいなんですね。言い方は悪いけれども、『歎異抄』はなんとなく大衆的な第二級の資料として扱われている。でも、やはり私は異論があるんです。

『歎異抄』には親鸞の息づかいが色濃く出ているし、ものすごく誤解を招きやすいことを承知で言うなら、本人が書いたものよりも他人が書いたもののほうが大事なのではないか。私はそう思っているんです。

逆に、その人自身が書いたものというのはそれほど大事ではないのかもしれない。私自身、自分で字を書く人間だからよく分かります。

机に向かって文字を書くとき、人は必ず修飾するものです。自分の考えを矯正したり、こう読まれたいという欲が出たり、色々な操作をします。

しかし、人に語ってしまったことは事実として、動かすことのできない記録として後に残る。だから本人が書いたものより本人が語ったこと、あるいは本人はこう振る舞っていた、といった第三者の記録のほうが、実はその人の精神や真実をより深く伝えているのではないでしょうか。

これこそ異端の考え方かもしれませんが、私はそう思い続けています。

明治期に親鸞をクローズアップして人々にその存在を大きく印象付けたのは、清沢満之《きよざわまんし》という哲学者でした。清沢は真宗、つまり宗門出身の哲学者で、ヨーロッパ哲学を深く学んだ人です。その周辺から暁烏敏《あけがらすはや》など多くの真宗人たちが出ている。近代の親鸞復興に最も大きな役割を果たした人物であることはまちがいありません。

その清沢が座右の三冊として挙げたのが、『阿含経《あごんきょう》』『エピクテトス語録』、そして『歎異抄』だったといわれています。ありとあらゆる西洋哲学を勉強し尽くした稀代の哲学者の座右の三冊が三冊とも、ご本人の書いたものではなく、聞き書きであるということに注目せざるを得ないし、なるほどな、と思うところがあります。

キリスト教を支えるバイブル、聖書はイエス・キリストが書いたものでしょうか。キリストは一行たりとも自分では書いていません。新約聖書は弟子が信徒たちに宛てた書簡、キリストの言行を記した福音書から成るアンソロジーなのであって、キリスト本人の著書ではない。

同じように『論語』は孔子が書いたものではなく、弟子たちが、「先生がこうおっしゃった、こう尋ねたらこう言われた」として記録したものです。

西洋哲学の父といわれるソクラテスの語録も、プラトンがソクラテスの話を書いているのであって、ソクラテス自身は一冊の著書も残していない。

やっぱりそういうものなのかな、私自身ふとそう思うことがあります。自分で書いたものより他者という鏡に映したもの、つまり聞き書きのほうが正しいのではないか。

そう考えていくと、『歎異抄』は通俗的な読みもので、親鸞自らが書いた『教行信証』、正しくは『顕浄土真実教行証文類』こそが重要だという説は、違うのではないでしょうか。叱られるのを覚悟で言いますが、『歎異抄』は親鸞に近づいていく一番大事な本なのであって、普通の人はその後なお余力のあるときに親鸞自身が書いた著作のほうも勉強すればいい。私はそう思うのです。

フォークロアの中の親鸞像

それにしても、勉強すればするほど親鸞の姿が遠ざかっていくとはどういうわけなのか。その辺をもう少し考えてみることにしましょう。

私ども日本人には、素朴な物語がありますね。真宗では、中世から江戸時代、明治の初めにかけて節談説教《ふしだんせっきょう》というものが流行しました。

説教師が面白おかしく節をつけて、たとえば「親鸞聖人御一代記」や「蓮如上人御一代記」などをみんなの前で語るレパートリーがあります。その中には、教訓的な話もあればユーモラスな冗談もあり、涙なくしては聞けないようなドラマもあり、たいへん立派な教えでもって締めくくられる。節談説教には聞く者を笑わせ、泣かせ、感動させ、そして教訓を与えるための筋立てと形式があるのです。

平安時代、仏教を広めるためにおこなわれた唱導《しょうどう》には、安居院《あぐい》流や三井寺流などがあって、比叡山でも唱導の勉強が盛んでした。それがやがて変化して節談説教になり、あるいは芝居になり、歌が入って説経節になり、というように色々な形に変化していった。広沢虎造の浪曲も、もとをたどれば唱導だという見方もできます。

いずれにしても、そうした芸能譚は近代に入って明治以降、低く見られてきました。庶民大衆の間に伝わる型通りのお話、いわば素朴な物語というのは、近代的な仏教学ができてくると、低俗なものとして貶められていたのです。

今ではそういう説教師も数えるぐらいしかいなくなりましたが、それでも有名な説教師が年に一度訪れてくるのを楽しみにしている人たちもいます。能登のほうでは今も説教が盛んで、そういう民衆の中に伝わっている親鸞像は、おそらく私が親鸞に出会った最初の頃に頭の中でイメージした像に近いのではないかと思いますね。

もともと真宗には、「門徒物知らず」という言い方がされてきました。浄土真宗の門徒、あるいは御門徒とも言いますが、彼らが物知らずだというのは、いろんな説がありますね。浄土真宗では迷信的なことを厳しく拒絶します。たとえば吉日良辰を選ばずとか、正月にも門松を立てないとか、世間のならいを無視するものですから、あいつら、こういう大事なことを何も知らぬのか、とバカにされたりもするわけです。

しかし、もっと大きな理由としては、浄土真宗の門徒の方たちは、あまり活字を読まないことにあるのかもしれません。真宗では、「聞法《もんぼう》」が一番大事だと言われます。聞法とは文字通り法を聞くこと。「法」というのは仏教の真義の教え、正しい仏の教えのことで、それを「聞」くことが大切なのであって、わざわざ本なんか読まなくていいのだという。おかしな本を読むから間違った考えを持ってしまうのであって、読むなら蓮如さんがお書きになった御文章、御《お》文《ふみ》ぐらいにして、それも誰かが読むのを聞けば十分で、それよりお寺のご住職の話を徹底的に聞き込めというわけですね。

ですから、ご高齢の方になるともう何十回となく同じ話を聞いて、すっかり丸暗記していたりする。私も何度か聞いたことがありますが、ああ、これは前にもあちこちで聞いたな、今度はここであの冗談を言うぞ、という具合に分かってしまうんです。

たとえば、おじいさんがお孫さんを連れてタクシーに乗ると、運転手さんが、「景気はどうですか」と尋ねる。おじいさんは、手を振って「いやあ、ダメ、ダメ」と答える。やがてタクシーを降りた後、孫がむずかって、「せっかく運転手さんがケーキくれると言ったのに、何で断ったんだよ」と。

これなどは、昔はしょっちゅう出てくるジョークで、こういう決まり切ったお話を暗記するほど何度も何度も聞くわけです。つまり、お話の形が決まっているんですね。真宗の御門徒の方たちの親鸞像というのは、そうやって形作られてきたんじゃないかと思います。一種のフォークロア（民間伝承）のようなものですね。

本や活字で述べられる難しいことはさておいて、とりあえずは聞く。蓮如は、百遍聞いて暗記しているような説教であっても、生まれて初めて聞くような感動でもって聞かなきゃいけない、と言っていますが、なかなかいい言葉だと思います。

このお話の次はあれだな、今度はこういう冗談を言うよ、なんて隣の人に言ってはいけない。生まれて初めて聞くような感動で聞く。結構、難しいことですが、確かにそうです。日頃積もった心の垢を洗い流して、赤子のように素直な気持ちでお話を聞く。それがいかに大事なことかと蓮如は言っているんでしょう。

翻《ひるがえ》って言いますと、蓮如は、語るほうに向けても鋭いことを言っている。御門徒の前でもう何百遍も話をして、眠っていてもすらすら出てくるような話をしてはいけない。みんなの前で、生まれて初めて話をしているのだという感動をもってお説法しなくてはならない。蓮如は話す側と聞く側、両方に向けて言っているのだと思います。

まあ、蓮如のことはさておくとして、そういう俗なお話の中から見えてくる親鸞像というのは何と言いますか、慈父のように非常に温かくて頼もしく、心強いような存在感があります。親鸞という人の姿、行い、言葉が、怖いぐらいくっきりと見えるように感じられる。しかし、活字になった親鸞、数ある論文の中にある親鸞像というのは、何か身体《からだ》から存在が離れていって、洗濯されていって、搾りかすになって残っているような感じがしてしまう。小説家のひがみなのかもしれませんが、物語というのは人々の間で語られてこそ生き続けるものなんでしょうね。次章も、できるだけ生身の親鸞像に迫っていくようなお話ができればと思います。

第二章　異端としての親鸞

マウイ島移民と「白い雪」

私が初めてハワイのマウイ島に行ったのは、四十年ほども前のことでした。今ではフォーシーズンズなどリゾートホテルやレジャーランドが乱立するたいへんな観光地ですが、かつてはごく原始的で、素朴な島でした。

町もほとんど開けていなくて、サトウキビ畑がずっと広がり、町の中心部に信号が一つあるだけ。旅行者がバス停にトランクを置きっぱなしにしても、翌朝取りにいけばそのまま置いてあるというので、友情の島などと呼ばれていました。

当時は産業と呼べるのはパイナップルとサトウキビぐらいのものでしたが、江戸や明治の頃から、すでに大勢の日本人労働者がやってきて働いていたといいます。そんな時代に移民がいたの？　と驚かれるかもしれませんが、実際いたんですね。

日本人は、東南アジアなど様々な土地へ奴隷として送り込まれた歴史があります。これは国同士の正式な協定によるものではなくて、今のアメリカに入り込んでくるメキシコ人のような不法滞在者、移民労働者です。そういう人たちが結構いた。

デーオ、という掛け声で知られるハリー・ベラフォンテの『バナナ・ボート』は、港でのバナナの積み出し作業のつらさを歌ったものですが、サトウキビ畑での仕事もまた、数ある労働の中で一番きついものだったそうです。

マウイ島にはそういう労働に従事する日本人労働者がたくさんいて、その過酷さゆえに死ぬ人が出てきます。誰かが死ぬたび、サトウキビ畑の端の適当な場所で焼かれる。するとその煙が空に上って、風でラハイナの町へ流れてきて、テーブルの上にうっすら白い粉が降りかかる。それを土地の人たちは「マウイ島の雪」と呼んでいたそうです。まあ、「お話」ですから真偽はともかく、切ない話ではあります。

茶毘に付された死者の骨の粉が、風に乗って町に降る。ああ、今日も日本人が焼かれてるんだな、とわかる。島の中で唯一レストランがあったラハイナで聞いた話では、それぐらい多くの日本人がマウイで働いていて、その地で亡くなったことを初めて知って、何とも言えない気持ちになったものでした。

マウイ島のある入り江の横を車で通りかかったときのこと、ブルドーザーが砂浜の入り江を埋めていくのが見えました。おそらく海岸を開発してレジャー施設か何かを作ろうとしているようでしたが、ブルドーザーが押しつぶしていくその砂の間に、無数の板きれが波のように押し寄せられていくのです。

あれは何だろうか、と思って近づいていくと、それは木の卒塔婆《そとば》でした。板の表に名前、裏に出身地が書かれていて、南無阿弥陀仏という文字も見える。その辺りは、マウイ島で亡くなった日本人たちの仮の墓所で、内地、日本列島のほうを向いた入り江の砂地に、林のように無数の卒塔婆が立っていたらしく、それをブルドーザーで一挙になぎ倒している最中だったんです。

そこで撮った写真を見ていてあとで気づいたのは、福井、石川、富山の三県の出身者が非常に多いことでした。あとは広島です。考えてみますと、結局、移民がどこから出てくるかというと、不況の中で、この狭い日本列島からこぼれ落ちるように押し出されていく人々なんです。要するに、日本にいては食えないから外へ出ていく。

私の父親もそうでした。九州の福岡で地方の師範学校を給費生で出て、なかなかいい仕事がないために、新天地を求めて朝鮮半島に渡ったわけです。そこでいきなり朝鮮人学校の校長という役を得て、ひげを生やしたりして大得意だったものでした。

もともと日本は長子相続制でしたから、貧しい農家の次男、三男、四男たちは家を出るか、長男のもとで奴隷的労働に従事するか、どちらかしかない。昭和の初め頃なども、国中が大不況に見舞われていて、列島からこぼれ落ちるようにしてたくさんの人たちが朝鮮半島へ、台湾へ、満州へ、大陸へというふうに出ていった。

移民たちが出ていった土地を見ると、やはり広島周辺、そして北陸がすごく多い。これは何を意味しているのか。後に私が福井へ行ったときにあらためて感じたことがあります。

北陸三県は真宗王国といわれて、念仏の教えが一木一草にまで染み付いているような土地柄です。先ほど言ったように、百姓の持ちたる国、と言われ、かつて念仏共和国が成立したこともあります。

その前には、浄土真宗中興の祖といわれる蓮如《れんにょ》が、福井県の吉崎という土地にものすごい宗教王国を作りました。吉崎には、何千何万という人が全国から押し寄せてくる。吉崎の参道の左右には多屋《たや》という、今でいうビジネスホテルのようなものが乱立して、訪れてくる人たちを泊める、客引きの声もきこえる。今から考えると、想像を絶するような宗教的ディズニーランドが北陸のあの地に生まれたようなものでした。そこに真宗王国が成立し、そして一向一揆の歴史があり、真宗共和国の歴史がある。そういう土地柄なんですね。

子ども好きの「蓮如さん」

蓮如は僧侶としては非常に変わった人でしたが、北陸にはその人柄というのか、独特の人間像が深くしみついているところがあります。地元の人たちは親鸞聖人に対しては「親鸞さま」ですが、蓮如のことは「蓮如さん」と、あたかも身内のおじさんみたいに言います。

学者の方々にはどうも評判がよくなくて、毀誉褒貶相半ばするどころか悪口のほうが多いぐらいですが、大衆には奇妙に人気がある。トランプ前大統領ではありませんが、庶民にとっては、お父さんのような身近な感覚で親しまれています。

たとえば、江戸時代から金沢では年に一回お休みの日があって、蓮如の命日にあたるその日は小僧さんも丁稚さんも職人さんもみな仕事を休み、浅野川の上の卯辰山《うたつやま》に集まって、無礼講のどんちゃん騒ぎをするという習わしがありました。そのお祭りは地元で「蓮如さん」

と呼ばれ、「明日は蓮如さんだから、すごく賑わうね」というくらいに広く人々に親しまれていたそうです。

蓮如には十三男十四女、あわせて二十七人もの子どもがあったといわれます。生涯に五人の奥さんがいて、どういうわけか結婚すると早くに奥さんが死んでしまい、その後また若いお嫁さんをもらい、また子どもができる。その繰り返しだったようです。

当時はたくさん産んでわずかに生き残るという時代ですから、蓮如の子も何人も死にました。それでも蓮如は子どもを非常にかわいがり、子が生まれれば躍り上がって喜び、早くに亡くなれば身体を床に投げ出すようにして嘆き悲しんだといいます。蓮如の「御文章」「御文」には、そうした妻や子との死別の心情が切々と流れていますね。

そして土地の人々は皆そのことを知っていて、「蓮如さんはやや子がお好きじゃった。子の多きを喜ばれた人であった」と言うのです。若い頃は背中に赤ん坊を背負い、庭でおむつを洗うこともあったという。そんな蓮如さんの伝説がフォークロアとして、ずっと伝承として語り継がれてきているわけです。

それが直接関係しているのかどうか分かりませんが、真宗の念仏の教えが浸み通っている農村地帯では、不思議なぐらいに間引きが少なかったといわれます。

私も全国各地、とりわけ東北などかつて大変な時代を経験した農村を歩いてきましたが、そこでは間引きは当たり前のことでした。遠野の辺りで聞いた話では、生まれて間もない赤ん坊に肌着を着せて、バッと水をかけて廊下に出しておくとしだいに泣き声が小さくなって、朝になれば衣服がカチカチに凍って息もしなくなっているという。こうした間引き、いわゆる口減らしは、かつての貧しい農村では日常茶飯事のように行われていたのだそうです。

下北半島にある恐山の賽の河原には、いたるところに石を積み重ねた供養の塔があって、セルロイドの風車や子どものおもちゃなどが供えられています。あの光景を見ると、いかにたくさんの間引きが行われてきたか、よく分かりますね。

しかし、奇妙なことに真宗の念仏の深くしみ込んだ土地柄では間引きが少なかったという。きちんとした統計や調査があるわけではないのですが、学者の間でも確認されていることのようです。もともと北陸の門徒、広島のほうの安芸門徒、それから三河門徒からは移民が多く出ている。なぜかというと、間引きしないからですね。

昔は十人ぐらいは当たり前に産みました。三反百姓と呼ばれるような小さな畑しかもたない貧しい農家で、五人も十人も子どもがいたら、食べていけるわけがない。そこから貧乏人の子だくさん、という言葉が生まれてきます。

そうなると、間引きをされずにこの世に生を得た三男、四男、五男たちはこの狭い日本列島からこぼれ落ちるように外へ出ていくより仕方がない。そういう背景もあって、新しい明治の時代が始まる前からハバロフスクやサハリン、あるいはアメリカなどに渡っていく人たちがたくさんいたんですね。

彼らがなぜ間引きをのがれ、いつどのようにして移民となったのか、確かなことは分かりません。間引きをしてはいけない、と蓮如が教えたわけでもないし、文書や教えとして残されているわけでもない。

しかし、蓮如という人が実際にその土地に暮らし、その薫陶を受けた人々がいて、それが代々伝えられていったことは確かです。その中で、蓮如さんはやや子がお好きじゃった、蓮如さんは赤子を大切にされた、そういう地元の人の心の中に深くしみついていた伝承が残っている。そういうことなんでしょうか。

ですから、伝承の中に描かれた蓮如の姿というのはすごくくっきりしていて、イメージができます。それと同じように、人々の伝承の中に生きている親鸞の姿も、かなりくっきりしている。前に直江津から関東にかけて歩いて回ったときに、土地の人々が描いている親鸞のイメージはとてもはっきりしたものでした。親鸞聖人の顔かたちや姿、言葉までが、何となくではあっても想像できる雰囲気がありました。

長年にわたって関東での親鸞伝承を調査、研究されてきた今井雅晴さんの著作を読めば、ありし日の親鸞の姿がありありと浮かんできます。

その土地ごとに、親鸞をめぐる七不思議のような伝説はたくさんあります。夜な夜な人びとを悩ませる大蛇がいて親鸞がお祈りしたらいなくなったとか、疫病が流行しているときに、親鸞が南無阿弥陀仏と書いた小石を積んだら消えたとか、北陸から関東にかけて、親鸞の足跡あるところには至るところ、そういう奇跡譚が残っています。

近代の真宗教学はそうした迷信の類いを厳しく拒絶し、巷の低俗な伝承という扱いでもって批判してきたようです。しかし、そういう近代の親鸞研究の中から生まれてくる親鸞の姿は、何か不機嫌かつ曖昧で、まぼろしのような印象がある。他方、近代の学問学説から否定される伝承、言い伝え、物語の中にある親鸞は、くっきりとした形で、その温顔まで見えてくるような感じがする。これは非常に不思議なことだと思います。

異端中の異端「カヤカベ教」の記憶

それと同時に、真宗には異端という問題があります。親鸞聖人が生前こう語っておられた、正しい浄土真宗の考え方はこうであるのに、親鸞聖人が亡くなってから、それを歪めて伝える人たちがいる。誤解、あるいは曲解して親鸞が言ってもいない考え方が広がっている――そうした状況を歎いて、直近の弟子であった唯円が『歎異抄』、すなわち「異端を歎く」書を作り上げたわけですね。

客観的に考えてみると、平安末期から鎌倉時代の初期、法然は当時の最高の総合大学であった比叡山を下りて野に下り、一介の聖となって一向念仏を説きはじめました。声に出して念仏を唱えることで全ての人が救われる、などという教えは、それまでの在来仏教すなわち顕密仏教から見れば、歴然たる異端なんですね。

その異端中の異端である法然に帰依して、その教えを人々に伝えようとした親鸞もまた、その時代においてはやはり異端としか言いようがない。もともと異端として出発した浄土真宗がやがて正統となり、その中で生じてくる異端をまた歎くという繰り返しになっていく。

異端とはいったい何か、これは私にとって非常に大きな問題でした。

先ほど申し上げたように、九州の南部のほうには隠れ念仏という伝統がありました。隠れ念仏の門徒たちにすれば、島津藩が念仏を禁止したから隠れているだけであって、自分たちは京都の本願寺に直結して親鸞聖人の教えを守っているのだと考えていた。つまり、世間の中でやむを得ず隠れているだけで自分たちは正統であるという考え方なんですね。

その中でも、また異端が生まれてきます。昭和二十三〜二十四年頃、私は福岡の久留米からさらに奥のほう、肥後熊本に近い山村に住んでいて、あるとき公民館で今日は催しがあるという。「何があるの?」と聞きましたら、「いや、今日はカヤカベ教の布教があるらしいよ」というのです。何か秘密めかしたような言い方だったと記憶していますから、戦後まではカヤカベ教は健在だったんですね。

カヤカベ教は表向きは「真宗霧島講」などという看板を掲げたりして、隠れ念仏の人たちからさえ異端と見られる一派です。霧島の牧園村辺りが中心のようになっていました。

私はそこへ行ってカヤカベ教のリーダーの方に色々と話を伺ったことがあります。カヤカベ教には教義があって、三時間も四時間も続くぐらいの古事記のような長い物語です。カヤカベ教がどうして生まれたか。その教義は何かということを全部頭の中で暗記してしまっていて、文字化されてないんですね。

許可を得て、テープレコーダーの録音を採らせてもらいましたが、とても人間業と思えませんでしたね。暗記した言葉を縷々ずっと、本当に神がかりになったように唱えていくのです。しかし、ほとんど後を継ぐ人たちがいなくなって、今はもうカヤカベ教も表面的には少なくなってしまったんじゃないかと思いますが、はっきりしたことはわかりません。

それにしても、薩摩藩から見れば禁教の異端中の異端で、その念仏の中にさえ、さらに異端が生まれてくる。つまり、異端が生まれるというのは、それが正統の証なんじゃないかと思います。

異端の光に照らし返されることで、正統がくっきりと見えてくるのではないか。もしオーソドックス、正統というものがあるとすれば、それは異端が生まれたときにこそ確立されるのではないでしょうか。

私ども日本人にとって、イスラム教の歴史は非常に理解しづらいものがあります。イスラム教のスンニ派とかシーア派とか、何度も説明を受けたことがありますが、いまだによく分からないところがあります。ごく大ざっぱな言い方をするなら、スンニ派は正統で、昔はシーア派の下にカッコ付きで（異端派）などと付けることもありました。

カトリック、旧教に対してプロテスタント、新教というのが出てくるのと同じように、シーア派は、原理主義的な正統であるところのスンニ派に対して、ある種の異端とされた新しい宗派だった。そう考えると、正統と異端の関係がよく分かります。

いにしえの物語に涙する人々

以前、『燃える秋』という小説を書くための取材も兼ねて、再三イランへ行きました。ちょうどパーレビ国王が追放されて、ホメイニ師がやってくるイラン革命の前後で、自動小銃の音がガンガン聞こえてくるような中を旅行していたわけです。

これは人から教わったことですが、もともとイランはシーア派で、シーア派の人たちの特徴はすぐ泣くことだという。情にもろい、涙っぽい、メソメソする。そう説明してくれた人は宗派的にはニュートラルでしたが、簡単に言うと、シーア派が内面的であるのに対して、スンニ派は形式を重んじる原理主義的な傾きがあるということでした。

テヘランから少し離れた古い町、イスファハンという古都に行ったときのことです。イランの奈良といってもいいような土地柄で、私たちはイスファハン・パレスホテルという伝統と由緒あるホテルに泊まっていました。

けれど何せお酒は飲めないし、外出しても女性たちが街を歩いていない。たまに歩いていても、ほとんど全身を隠して目しか出ていないという町でした。そこに三日もいて退屈しきっていると、通訳兼ガイドの人がいうのです。

「皆さんだいぶ退屈そうなので、今日は楽しいところ、キャバレーにご案内します」

スタッフはみな大喜びで、夕方には各々めかしこんで、ガイドに連れられて出かけた先は一軒の古風なお店でした。

店の中に入ると、座席が並んでいる真ん中に小さなステージがあって、なかなか雰囲気があります。あそこでベリーダンスでもやるのかな、なんて期待もしながら言い合ううち、お客さんたちが詰めかけてきて満席になりました。客は全部イランの男性です。しばらくすると、「今からショウが始まります」と通訳の人が言うので、「いよっ、待ってましたぁ」なんて手を叩く日本人もいました。

ステージに登場してきたのは男性が三人で、一人はサズという独特の楽器、もう一人は太鼓のような打楽器を持っていて、あと一人は見事なヒゲを生やした老人です。

さて音楽が始まると、いきなりそのヒゲの老人が朗々と語りはじめたのです。朗詠というのか、歌うがごとく語るがごとく、声を張り上げながら、身振り手振りをまじえて表情豊かに何かを語り出したのです。

「えっ、ショウってあれのこと?」

呆気にとられて尋ねると、通訳は「そうですよ」と平然としている。キャバレーというからには女性の一人もいるんだろうと思って周りを見渡しても、客も従業員もすべて男性で、ステージ上の特別ショーには男性が三人いるばかり。

言葉が分からないので、何を語っているのかも分かりません。

「昔、一千年も前にフセインの戦いというのがあって、その敗戦の悲劇にはイランの人すべてが感動する、その物語を今やクライマックスで語っているところです」

そう通訳の人が言ったときに、客席を埋めた周りのイランの男たちがみんな泣きだしたのです。それも涙滂沱として手で顔を覆いながら、おいおい泣きじゃくる。その老人の朗読というかお説教というか、歌というか、とにかく朗誦される物語に感動して泣く。

そうやって人々は、いにしえの物語や様々な教えを皮膚から自分たちの内に組み込んでいく。活字で論じられるイランの歴史ということでは理解できないものです。

フセインと聞くと、現代の私たちは湾岸戦争時のイラクの大統領を思い浮かべてしまい、悪者というイメージがありますね。散々乱暴なことをした挙げ句にアメリカに戦争の口実にされ、最後はアメリカに処刑された独裁者、などと思ってしまいますが、イランの人々にしてみればそうではない。

もともとフセインとは偉大な名前であり、その英雄フセインの古い物語を聞いて涙している。泣くのがシーア派の人たちの特徴だという話が思い出されました。

感動する、というのは要するに内面的であるということで、信仰というものを自分の中に内面化していくということなのです。

ですから儀式化する信仰と、内面化していく信仰というのがあって、真宗は基本的に儀式化するものではなく、内面におさめていくものだというのが、法然と親鸞の伝統的な教えだったのかもしれません。

親鸞は「自然」ではなかった

親鸞は、お寺は建てる必要はないと言っています。もちろんむかしも寺のようなものはありましたが、真宗では寺ではなく道場とよく言いますね。その道場は他の民家より少し軒が高いくらいで、それと分かれば粗末なものでよい、と親鸞は教えている。

そこに念仏の人たちが集まってきて、先ほど言いました聞法、正しい教えをじっくり聞いて、みんなで念仏を唱え、和讃を歌う。これが当時の信仰のかたちで、その中での親鸞のイメージというのはくっきりと浮かび上がってきただろうと思われます。

ところで親鸞の和讃を読むと、親鸞という人は、自然というものに対してあまり関心がなかったような気がしますね。落ち葉を見て季節の移ろいを思うとか、もののあわれを感じるとか、そうした自然よりも、とことん人間臭い人だったところがあります。親鸞が青蓮院《しょうれんいん》で剃髪する時に和歌を詠んだとか、朝廷で優れた和歌を詠んで人々を感動させたという説もありますが、和歌のような景色や抒情には、およそ関心の薄い人ではないかという気がしないでもありません。

親鸞は自然法爾《じねんほうに》ということを言ってますから、それが自然という言葉と読み替えられることも多いのですが、私は、親鸞の思想はとことん人工的だと思いますね。人間が自然に逆らうというのか、悪というものを認めることすら、ある意味では自然の法とは少し違っているところがあると思います。

親鸞には、いわゆる日本人的ではないところがあります。ですから故・杉浦明平さんなどは親鸞の晩年の和讃は全く情緒がなくて理屈だけ述べていると批判していて、それは当たっているところもあります。でも杉浦さんは、机の上でテキストとして和讃をお読みになったんだと思います。親鸞の和讃は、老若男女が集まって、メロディとリズムをもって声を合わせて歌い上げる時に、無味乾燥で論理的な歌詞が深い叙情を帯びて人々の心に染み込んでいくわけです。皆で歌うことで詞が立ちあがるのです。

日本人は情緒や抒情に感じやすい体質がありますが、親鸞の言葉ははっきりいって抒情的ではありませんし、やっぱり論理が強い。そこが蓮如との違いだと思います。親鸞の論理を背負い、それを民衆に手渡そうとした蓮如は、非常に情の強い人でした。それだから多くの人々を感化し得たのだろうと思います。そこが先ほど言った、親鸞さま、蓮如さんの違いでしょうか。

私どもが考えるような「自然」という言葉に対して、親鸞はほとんど関心を持たなかった。親鸞の思想というのは、ある意味では反自然なんです。反自然ですが、自然に逆らってなお非常に強いものがある。私はそういう感じがします。

ロシア正教の異端

近年のロシアではスターリン主義が復活しつつあるという話も耳にしますが、伝統的にロシア正教が非常に深く、あらゆる階層の人々の間にしみ込んでいる国です。ですからレーニンが宗教は麻薬であると言っても、心の中ではロシア正教を信じ、イコンを拝むロシア人は革命後も大勢いたんですね。

アンナ・アフマートヴァというスターリン時代に弾圧されていた女性詩人は、現代詩において最も優れた詩人の一人といわれます。

ソ連時代にそのアンナ・アフマートヴァが軟禁されていた部屋を訪ねたことがありますが、およそ物のない部屋で、バイブル、プーシキン詩集、そしてイコンが残されていました。ご存じのように、イコンというのは、聖母やキリストの姿を絵に描いたものです。社会主義ソ連においても、寺院を破壊するなどさまざまな形で宗教的な弾圧が行われましたが、それでも抑えきれない信仰が、ロシアの底流にずっと流れていたということです。

その中で、とりわけロシアの宗教革命と深いつながりがあったのが、ロシア正教の中の異端派ラスコーリニキでした。分離派と訳されることもある、ラスコーリニキについてざっと説明します。

十七世紀、ニーコンという総主教が宗教改革という動きを起こします。ロシア正教はすでにしっかり根付いていて、民衆全部がロシア正教を信仰していた時代、この改革には、国と一体となってロシア帝国を築き上げ、わがロシアを国際社会に登場させようという国是というか、大きなはかりごとがありました。

ロシア正教は、ローカルな宗教からもっと国際化しなくてはならない。要するに、グローバリゼーションというわけで、そうした中で、これまでの古い民族的なロシア正教を改革しようという流れが出てきたのです。

教義はもとより、それ以外にも、古くからあるたくさんの形式的なことも変えよう。たとえば、二本指で十字を切るのを三本指にするとか、ハレルヤと二回唱えるのを三回唱えるようにするとか、細かな儀礼のことまで引っくるめて、ツァーリ（皇帝）、ロシア帝国全体が国教として改革しようとする運動でした。

ところが、それまでのロシア正教、たとえばロシア語で書かれた聖書を読むとか、イコンを飾るとか、バチカンやギリシャ正教のような国際的かつ近代的なキリスト教ではない、古いロシア正教を信じる人たちも大勢いて、彼らが頑強に改革に反対します。

しかし、国と対立するわけですから、ついには追い出されてしまうわけですね。どちらかと言うと立場が弱い彼らは、ロシア帝国と一体化する正教に対して反抗する姿勢をとり、そこから離れていった。つまり、ロシア正教の大分裂が起こったのです。

分裂していった側はどちらかというとプロテスタント、新教に近いのですが、そうではなくて「旧教徒」と呼ばれました。

昔からの儀式、先ほど言った十字を切る指の数とか、イコンを愛するとか、聖書をロシア語で読むとか、いろんなことにこだわりを持って、その古い信仰を守り通そうとする。そういう人たちが、近代化、グローバル化しようとするロシア正教派から分かれていくわけです。それで分離派、ロシア語では俗にラスコーリニキと呼ばれました。

仏教の世界でも、大乗仏教が出てきたときに、それまでの仏教のことを個人主義的で小さな仏教みたいな言い方がされました。大乗の側から見れば、自分たちは大乗、いわば大きな船である。それに対して小乗仏教の連中は個人の救済だけを考える小さな船であるという、ちょっと侮蔑的というか、蔑視的なニュアンスのある表現ですね。

それと同じように、分離派という言葉は、新しいロシア国家の国教としてのロシア正教の近代化に対して反対する連中、という意味で、ラスコーリニキ＝分離派と呼びました。古い儀式のスタイルを大事にする連中という意味で、古儀式派とかスタロヴェールなどという言い方もありましたが、それもあまりしっくりくる呼称ではない気がします。

ラスコーリニキとロシア革命

皆さんの中には、ドストエフスキーをお読みになった方もたくさんいらっしゃると思います。『罪と罰』の主人公の名前がラスコーリニコフという名前であることはすぐにお気づきになると思います。『罪と罰』の主人公ラスコーリニコフは、つまりラスコーリニキなんです。宗教的に国の政策として新たに近代化されていくロシア正教に反対して弾圧追放され、分離されていく人々の、心に大勢に従わない魂を抱く青年、それがラスコーリニコフなんですね。

ですからロシア人は最初にラスコーリニコフという名前が出てきた瞬間に、あ、これはラスコーリニキのことだ、分離派だと分かる。

ラスコーリニキたちは、いわゆる国の近代化の方向に反対する人々ですから、非常に頑張って反対するんですね。反対したがために土地を追われたり、中には処刑されたり、過大な税金をかけられたり、いろんな不利が出てくるわけです。

それでも異端とされたラスコーリニキたちは戦争に反対し、ロシア帝国主義の蔓延に反対し、武器を取らず、平和に生きようとしました。しかし国是と全然折り合いがつかないものですから、やがては一斉に集団で移住させられ、シベリアへ送られたり、土地を追われて刑に服したりと、様々な形で弾圧されました。

しかし、弾圧された異端と呼ばれるラスコーリニキの人々は決して屈せず、ずっとロシアの中で生き続け、その勢力というのは非常に根を張っていたのです。国を追われたラスコーリニキ、異端派は集団でシベリアを放浪し、別の異端派の村へ行く。すると村人たちは放浪する同じ宗派の彼らを歓待し、食事を与え、宿を与え、しばらくたつと資金も与えてまた次の村に送り出す。するとまたその村に行って、という具合に集団でロシア領内を放浪して歩くものですから、「放浪教徒」という名前も付きました。

学問的には古儀式派といって、古い儀式を重んずる一派という言い方をしますが、私はラスコーリニキ、異端でいいと思うのです。

彼ら異端の数は、実は何千万にものぼりました。スターリン時代、厳しい社会主義の時代にはラスコーリニキなど存在しないというのが建前で、そういう研究も一切できませんでしたが、その後、ソ連が雪解けを迎え、ようやく彼らの存在が見えてくるようになった。レーニンも最後はラスコーリニキの村で暗殺されたとか、色々な話が出てくるようになりました。それどころか、ロシア革命の背後に、そのラスコーリニキの人々の大きな力があったともいわれます。何せ彼らはツァーリに反対しているわけで、ロシア王朝の帝国主義に反対なんですね。弾圧され、国を追われ、土地を追われ、いわゆるプロレタリアートと呼ばれる労働者になっていく人たちが非常に多かったのです。

ヴォルガ川の流域に繊維産業が興ったときに、ラスコーリニキの人たちが工場労働者としてたくさん就職します。本質的に帝政ロシアに反抗するという気質の中で育っている人たちですから、そこに一種の社会主義的な反抗的な思想が目覚めてくる。レーニンが作った「イスクラ」という革命的な新聞も、ラスコーリニキの人たちが資金援助をして出されたとも言われます。

生身の親鸞像に近づく

こう見てきますと、異端というのはもともとは正統なんですね。もとは正統だったのが、何かの形で新しい動きが出てくることによって分かれていく、あるいは自分たちが革新的な意見を持ち出したがために追放される、そういうものです。

ですから、法然や親鸞が旧仏教の弾圧を受けて流罪に処せられたり、あるいは法然の弟子たちが死罪になったりしたのも、基本的には旧来のオーソドックスな仏教の中で異端と目されたから、と考えるほうがすっきりすると思います。

彼らは異端派だったのであり、異端派の中の革命児であり、法然はそのリーダーだった。その法然を最も信奉して、その教えを忠実に人々に伝えようとして親鸞は自分なりの浄土宗、すなわち浄土真宗という新しい主義主張のグループを作り上げたのです。

その中でまた親鸞の教えを曲げて伝える者がいて、異端であると判断される。これを宗門の術語、いわば業界用語では「異安心《いあんじん》」といいますが、異安心とは異端者のことを指します。

しかし考えてみると、もとはと言えば法然その人が異端であって、そこに親鸞という異端の中のエースが出てきた。様々な弾圧の中でそういう人々の思想が広がっていく。その中で、かつては異端とされた教えの中にやはりまた正統が生まれてくる。その正統の中でさらに間違った意見を述べる人たちが生まれてきて、それに対して唯円は異端を嘆くということで

『歎異抄』を書くわけですね。

しかし、異端が生まれたことによって、法然・親鸞の思想の正統性が照らし返されたということもあるのではないでしょうか。言い換えれば、最初から最後まで徹底して一枚岩では、かえって本当の信仰というものが見えてこないわけです。

ソ連の一国社会主義にしても、何しろ世界で初めてのことですから、そこに社会主義の真偽というものは見えてきませんでした。その中に違う意見、つまり異端が出てくることで、新しい正統の生命が生まれてくる。

そう考えますと、親鸞の教えとずれたところにある教え、たとえば造悪無碍《ぞうあくむげ》とか、間違った教えを唯円が嘆くことで、親鸞の思想なり姿勢がよく分かる。よく分かるのですが、それが親鸞を正統化するという目的だけに陥ってしまうと、かえって親鸞の姿が少しずつぼやけていくんじゃないか。それが私の感じていることです。

つまり変な言い方ですけれど、あらゆる物事は当然ながら進歩します。進歩するときには、異端が出てくることによって進歩する。異端というのは間違った教えだとしても、唯ひと筋に正しい教えを正しく伝えるということは難しいものです。

たとえば『観経疏《かんぎょうしょ》』は七世紀中国浄土教の高僧・善導の著書で、法然はこれによって念仏の真価に目覚めたといわれます。では、善導は古い仏教の教えをそのままに守ってきた人なのか。浄土思想が新しく生まれてくる中では、やはり異端と見られることがあったのではなかろうか、そういう感じもしてまいります。

いずれにせよ、今の私にとっては親鸞の姿が何か見えづらいのです。では昔はどうだったかというと、それは民衆の中で俗な言葉で語られ、節談説教やお芝居のような俗な世界の中にある親鸞の姿であり、そのほうがはるかにはっきりしていました。そのことを、あらためて考えなくてはいけないんじゃないかと思います。

おかしな言い方ですが、「まぼろしの親鸞」というのは、抽象化された親鸞、ということですね。親鸞が生きた人の姿で、こちらの肩に手を置いて語りかけてくるような存在として考えられるのではなくて、観念として、あるいは一つの思想としてのシンボルのように感じられてしまう。それが今の親鸞学の問題点だろうと私は思うのです。

私たちは、親鸞の生の声を聞きたい。生の表情を想像したい。そういうものが伝わってくるようなものを知りたい。けれども現実には研究すればするほど、分析すればするほど、人間の実体から遠ざかっていくような傾向があるのではないでしょうか。

今は、親鸞の思想が学問的な問題にされ、論議され、それについて論理的に語られることがほとんどです。そういう中で、親鸞はぼんやりとしてくる。いつかまた親鸞に関する新しい物語が生まれ、その中で親鸞聖人が、蓮如さんと呼ばれる、生身の生きた人間として感じられるようになる日が来るのか、来ないのか。今はまだ漠然としています。

そういう中で、一歩でも生きた親鸞の姿に近づきたいというのが私のひそかな願いで、そのために小説などを書きました。小説の中ではこれまでの親鸞学、文献的な考証をほとんど無視して物語を書いたものですから、随分と笑われたり黙殺されたり、あるいは批判されたりもしました。

でも、私の気持ちとしては、小説は必ずしも歴史ではないのです。小説から歴史を学ぼうとするのは間違っている。しかし、人間を描くということに関しては、小説は何か大きな力を持っている、そういう形式なのだろうという気がします。

私たちは今、親鸞についての物語を期待しています。親鸞の研究、親鸞の学術的な分析よりも、一人の生きた総体として、バラバラになった親鸞をもう一度立体的な人間像、声も息づかいも感じられるような存在として受け取りたいと考えていますが、果たしてどうなるでしょうか。

断末魔のきわどい時代

これから私どもは、難しい時代に入ってきます。アメリカと中国の覇権争いも、この時代がどういう方向へ行くのか、という一つの指標になると思います。世界は新国家主義という新しい時代に入ってくる。まさしく世は乱世というわけですが、思えば法然や親鸞は、そういう末法の時代、乱世の宗教家として登場してきました。

正法、像法、末法の時代でいえば、まさに今が末法の時代です。末法の時代には、それまで通用していたことが通用しないという思想です。そして今まさに、そういう大きな時代の釜のふたが開きかかっている実感があります。

先年、「シン・ゴジラ」という映画を見ましたが、映画の中のゴジラはそれはもう大変な暴れようでした。自衛隊が撃ったり、アメリカ軍がミサイル撃ち込んだり、けれど撃てば撃つほどゴジラは暴れるんですね。やっぱり断末魔というのはすごいことになると思いましたね。

たとえばいろんな学者たちが、資本主義の終焉ということを言ってますが、長年にわたって続いてきた資本主義が終わるときには大暴れするんじゃないか。それから一つの体制が崩れる、国民国家が終わったということは、最後の新国家主義というものが登場するんじゃなかろうか。

今、断末魔のきわどい時代に私たちは生きています。だからこそ親鸞とか法然とか、そういう思想が大勢の人々の関心を集めるのではないでしょうか。

貴族社会から武家社会へ大きな権力の移行があり、『方丈記』に描かれたような自然災害、地震、津波、大風、あるいは飢餓、凶作、内戦が立て続けに襲ってきた時代に、親鸞は生きました。そうした時代に生まれた思想であるということを考えますと、これから親鸞の思想が大きくクローズアップされる可能性があります。

まさに末法の時代、地獄の釜のふたが開きかかっている、そういう感じがないでもない。そうした時代に親鸞をどう論じることができるのか。私の話など小説家の妄想みたいなものので、親鸞学や真宗教学の世界とは遠く離れたものですが、まぼろしの親鸞を、生きた、くっきりした親鸞像に鍛え上げていきたい、心の底からそう思います。

第三章　他力と悪人正機

日本人には罪の感覚がないのか

いつの頃からか、高齢社会の代表みたいな立場でインタビューや原稿を頼まれる機会が多くなりました。そうか自分もいよいよそういう歳になったか、などと思っていたら、四年前にはイギリスのＢＢＣ放送まで取材にやってきて、そのテーマも「超高齢化社会と日本人の未来」みたいなことでした。

その中で、日本人に宗教意識はあるのか、という質問を受けました。おそらくＢＢＣの記者は、戦前の絶対天皇制の下での国家神道みたいなものが、今なお日本人の中に生きているのではないか、という見方で質問されたのだろうと思います。でもこれ、ひと言で簡単に答えるのは難しいのです。

「いや、宗教意識があるかないかということではなくて、この国には古代から中世、さらに封建時代からずっと続く独特の宗教感覚みたいなものがあって、たしかに明治以降の国家神道的な教育はあったけれども、その嵐を通り抜けて今なお、私たち日本人の心の中にはそういう古い宗教感覚が根強く生きていると思います」

そう答えたのですが、なかなかうまく通じませんでした。当然ながら彼らは法然や親鸞、あるいはその思想や言葉についてもご存じなくて、とにかく難渋しました。

そこで、私とカトリック司祭の本田哲郎さんとの対談をまとめた『聖書と歎異抄』（東京書籍刊）という本を、「これを差し上げるので、もし日本語を読み書きできる方がいたら、その方から内容を聞いていただけませんか」と差し上げました。

今、日本人が海外へ出ていく場合、ビジネスであれ、科学や医学、あるいは文学や映画であれ、そうした分野では国際的な共通認識がほぼ通用すると思います。ところが、宗教という目に見えない世界に関する話となると、相互理解はほとんど不可能ではないのか。そう思うことがよくありますね。

例えば、外国人の書いた日本文化論としては、ルース・ベネディクトの『菊と刀』が有名ですが、一部、日本人には恥の感覚はあるが、罪の感覚はないのではないかという見方には、私はなんとなく違和感をおぼえるところがあります。

恥というのは人間社会の「間」における対人感覚であり、近所の人や世間の人、自分がつながっている人たちに対して面目が立たない、ということです。一方、罪というのはドストエフスキーの『罪と罰』ではありませんが、天あるいは神に対する罪、絶対者に対しての罪、という普遍的な尺度で考えるものです。

日本人には恥の感覚があるのは確かで、武士道はまさにそうですね。武士として辱めを受けたときは、命がけでそれをすすごうとする。主君が名誉を傷つけられたら、敵討ちによって恥をすすぐ。自分が何かの罪に問われた場合は、切腹という形で受け止める。このように日本人は、社会において名誉を傷つけられることを忌避する感覚、恥の対人感覚はあるが、罪という感覚は薄いのではないか――これは戦後もずっと言われ続けてきたことです。

でも、私はちょっと違う考え方をしています。罪の感覚は親鸞以来、日本人が心に深く抱いている感覚であって、そこから念仏、悪人正機や他力という考え方が生まれてきました。日本人に罪に対する感覚がないというわけでは、決してないのです。

罪に対して感覚的に欠如しているのでなく、宗教意識の深いところでちゃんと持っていて、だから親鸞もその罪を問題にしたし、そういう歴史があるのです。これが、外国の人たちにはなかなか理解してもらえないところでしょうね。日本人は恥には命をかけても罪という観念がない。そういう誤解も、親鸞の思想を少しでも理解してもらえば解けるような気がするのですが。

近代的な親鸞理解への疑問

これまでもお話ししたように、近ごろ親鸞について学べば学ぶほど、その姿が遠くなっていくような気がしています。戦後これだけ数多くの関係書が出た人物もいないぐらいなのに、それらの著述を熱心に読めば読むほど、親鸞が分からなくなってくる。正直なところ、それが私の実感なんです。

清沢満之一門以来の親鸞に対する近代的理解なり論評というのは、親鸞をますます難しくしているような気がしないでもありません。テキストを高度に理解して分析し、哲学的・思想的に位置付ける中で、親鸞がどんどん複雑で高度な思索の対象となっていく。それとともに自分から遠ざかっていくことに、非常に矛盾を感じます。

ですから、もう一度、自分たちの日常の暮らしの実感の中に親鸞を引き寄せることはできないだろうか。それが、このところ私が考え続けていることです。

存命中とその後しばらくの間を除いて、江戸時代から明治の初期まで、親鸞は日本人にとって遠い存在だったとよく言われますね。でも実際には、蓮如という代理人を通して草の根の民衆レベルには深く浸透していました。ただ、知識人たちにとってはどこか遠い存在だったのです。

そこへ、一高から東大を通じてトップだったというほどのとびきりの秀才、清沢満之と、その一門が現れた。日本に近代哲学を紹介する上で大きな役割を果たした彼らによって、親鸞が偉大な思想家、哲学者として評価された。弟子の暁烏敏《あけがらすはや》が『歎異抄講話』を書き、国民的関心をまきおこす。それによって親鸞ブームが訪れ、『歎異抄』が大いに読まれるようになった。一般にはそういわれています。

しかし、それは果たして民衆レベルで理解されていた「親鸞さま」が、新しい高度な理解によって蘇ったということなのか、大いに疑問を抱かざるをえません。むしろ西洋哲学に基礎づいた分析と評価によって、親鸞が民衆レベルから離れてしまい、知識人のアイドルみたいな存在に変わってしまったのではないでしょうか。

吉本隆明さんや梅原猛さんをはじめ、これまで親鸞に関しては多くの知識人による高度な思索が繰り返されてきました。それらの本は気軽に書店で買うこともできます。

しかし、「二人いて喜ぶ時は、その一人は親鸞だと思え。三人いて喜べば、その中の一人は親鸞だと思え」という親鸞の言葉、お遍路さんの「同行二人」のように、自分のそばで支えてくれて、後ろから肩を抱いてくれるような存在。そんな親鸞像がにわかに雲の上の高みに持ち上げられて、人々はそれをふりあおがなければならない、そんな存在に変わった感じがします。

こんなことを言うと、批難や攻撃の的になるかもしれませんが、明治以来、『歎異抄』ひとつとっても、親鸞の思想が正しく理解されるようになっただろうか。そもそも親鸞という人は、論理的で哲学的な理解を必要とするのだろうか。私は常々、そういう疑問を抱いています。

そんな中、聖書に関する本田哲郎さんの本を読んで、大いに共感するところがありました。本田さんはバチカンで聖書をオーソドックスに研究した、日本では指折りの聖書学の権威ですが、大きな教会には所属せず、大阪の釜ケ崎地区で生きてこられた。その著作を読むと、「え？　聖書ってそうなの？」としばしばはっとさせられます。例えばイエス・キリストは大工の子、私もそう理解していました。しかし、当時すでに大工は技術者、いわばマイスターとして尊敬される存在で、地位も決して低くはなかった。そこで原語の意味を正しく解釈すると、「石切り」（テクトーン）の子になるのだそうです。

古代エジプトやローマなどで、捕虜や囚人に石切り場から石を切り出しては運ばせるシーンを映画で見たことがあります。これはもう本当に過酷な仕事で、当時は労働者の中でも最底辺の人たちや囚人に課せられたそうです。イエスはそうした労働者を使役する石切りの子として生まれてきた。そう考えると、以前とはものの見方が少し違ってきます。

時々勘違いがありますが、イエス・キリストはユダヤ教の人間であり、ユダヤ教の内部改革者として活動し、そしてユダヤ教の人々によって処刑されました。同じように、ゴータマ・ブッダはバラモン教世界の中にいて、その教義とは違う考え方を創りだした。つまり、イエスの前にキリスト教はなく、ブッダの前に仏教はなく、親鸞より前に親鸞教はなかったということです。

本田さんと対話するうち、イエスの言行と親鸞のものの考え方や行動に、なぜこれほど重なる部分が多いのか、不思議な気がしました。新約聖書の「義によって信仰は成り立ち、その名を唱えることによって義とせられる」は、親鸞の「阿弥陀如来の存在を信じ、念仏を唱えることによって救済される」とそっくりです。

この二つに何か大きな違いはないのか、逆に深く共通する考え方はないのか、というのも対話のテーマでした。

割り切れない自力と他力

翻って考えてみると、どの宗教であれ、根っこにある感覚に、それほど大きな違いはないと思うのです。親鸞の思想というと悪人正機が浮かびますが、それよりむしろ「信じる」、「信」の一字によって全てが成立するとも言えます。ある意味で唯心論です。

すなわち信じることによってそれはあり、信じなければ阿弥陀如来はない。信じることが大切で、究極的にはその「信」を自分で選択するわけです。

すると、それは自力ではないか、という意見が出てきます。真宗では、他力、他力というけれど、他力に身を任せようと自分が考えて、他力の中に生きがいを見つめようとするのは本人の自力ではないのか、というのです。

それに対して、他力の側からはこんな論が展開されます。それは自分で選択したのではなく、阿弥陀如来からの呼びかけ、本願の力によって他力を信じるのだ。念仏を唱えるのも、自力から念仏を唱えようと考えるのではなくて、外側から他力の風がその人に働きかけてくる。それは自力と見えて、実は他力なのだというのです。

これは一見、納得できるようで、なんとなく苦しい説明に聞こえます。自力と他力についての公式的な答案を何度繰り返して読んでも、心の中のどこかで引っかかる。自分の全てを投げ捨てて、阿弥陀如来一仏に帰依して、念仏を唱えようというのは自力ではないか。いや、そういう気持ちになったことこそが他力の風に吹かれたのではないか。非常に難しい問題で、終始嚙み合わない感じがいたします。

以前、石原慎太郎さんと「自力と他力」というテーマで『文藝春秋』で対談したことがありました。自力主義の石原さんはこんなふうな話をきかせてくれました。

「宮本武蔵が吉岡一門と一乗寺下り松で決闘に行く時に、通りかかった八大神社の前で立ち止まり、今日の試合を何とか勝たせてください、と神に祈ろうとしたその瞬間、はたと気づいた。神様に恃んで勝利を願うようでは武芸者としてダメだ。あくまで自分の力で勝たなければならないと。そこで祈らずに武蔵は決闘に向かい、見事に相手方に打ち勝った。だから本当に大事なのは自力なんだよ」

私はそこで、こう屁理屈をこねたのです。

「いや、それは違うと思いますね。神社の前に立って頭を下げようとした瞬間、はっと気がついて、神仏に勝負の帰趨を恃むようじゃ武芸者としてダメだ、ここは徹底的に自分の力で戦わなければならない、と考えた。そのひらめき自体が他力の働きそのものじゃないですか」

石原さんは、「またまた五木君はそんなこと言って、人を騙そうとする」と笑っておられましたが、こんな具合に、他力と自力というのはすっきりと割り切れないもので、親鸞の言葉にも、そういう割り切れないものがたくさんあります。

例えば、この世の現実世界において、慈悲の心はなかなか実行できるものではない、と言います。では、どうすればいいか。念仏申して一日でも早く仏になって、人には到底及ばない仏の慈悲でもって多くの人々を救済するのがいいという。本当にそれでいいのでしょうか。

親鸞の教えを疑ってみる

さらに、戦後になって注目された「往相還相《おうそうげんそう》」という考え方がありますね。往相《おうそう》とは浄土に行くことで、そこで仏となって成仏して終わるのではなく、浄土でじっとしていることにあきたらず、再びこの穢土《えど》に戻ってきて、仏の慈悲でもって世の中の問題を自在に解決していく。これが還相《げんそう》で、これこそが望ましいと親鸞は言っているわけですが、これもどうもよく分からないところがあります。

そもそも、一年間に亡くなる人はものすごい数になりますね。そのうちどれくらいの人たちが志を発して穢土、つまり現実世界へ仏になって回帰してくるのか。

法然や親鸞自身が、還相して戻って来た仏であるとする考え方もありますが、それでは大半の人は戻って来ないことになるわけで、志ある数人だけが穢土に戻ってきて人々に慈悲を施すことになるのでしょうか。いまひとつ、はっきりしません。

何千年もの歴史の中で、還相して帰って来る人が多かったなら、世の中もう住むところがないぐらい、仏様で溢れてしまうはずで、右を見ても左を見ても、浄土から戻ってきた人ばかりなら、世の中は何の問題も起こらず、戦争だってなくなるだろうに……。

まあ、こういうのを屁理屈といいますが、『歎異抄』にせよ、親鸞の思想にせよ、当然のこととして語られていることについても、時には率直な疑問を持ったり、ケチをつけたり、きちんと考えつめていく必要があると思います。

例えば、「親鸞は弟子一人も持たず候」という言葉があります。しかし、実際には親鸞には多くの弟子がいて、京都での晩年は、関東の弟子たちが親鸞の生活を支えていた。これは疑いのないことで、親鸞の弟子を自称する人たちが、親鸞の直系として道場を開き、人々を集めて真宗の思想を人々に語ったわけです。

ですから、弟子一人も持たず、とは弟子は現実にはいるかもしれないが、自分は弟子だとは思っていない。つまり御同朋《ごどうぼう》、同じ仏の道を極めていく対等な仲間であるのだと言っているわけです。これは心がけ、心もちであって、現実との落差をどう埋めていくのかという、大きな問題だと思います。

また親鸞は、「父母の孝養のために一度も念仏したことはない」と言い切りますが、心の中で父親、母親、兄弟たちに対して親鸞がどんな感情を抱いていたのか、ほとんどうかがい知ることができません。私たちは人間としての親鸞というより、ひとつの思想の結晶としての親鸞を見ているのであって、人間としての親鸞の心の中の迷いは見ようとしていないのです。

『歎異抄』に出てくる、「年を取るとちょっと風邪をひいても、いやこれは大病になって死ぬんじゃないかと心配したりする」という言葉には親鸞の人間らしさが垣間見えますが、生々しい苦悩や悩み、そういう部分に関してはおよそ知ることができない。ある意味で、それらを切り取った形で親鸞を論じ、その思想に跪拝《きはい》している格好です。

しかし、疑うということはすごく大事なことだと私は思います。疑うとは、信じることの逆です。真宗の思想は信を最大の問題にしなければ成立しない、だから親鸞をひたすらに信じることでしか親鸞の思想に踏み入ることはできない。疑うなんてとんでもない。そう決め込んでしまうと、果たしてそれでいいのかという気がします。

私自身は非常に迷い多く、浅はかで、卑俗なものの考え方の中で生きている、まさに普通の人間です。そういう普通の人間こそ親鸞が目指した人間たちであり、悪人正機の対象であるはずです。

人間というのはどこまでが悪人で、どこまでが善人か、その区別はなかなかつきません。百パーセント悪人もいなければ、百パーセント善人もいない。私たち自身、悪の要素も善の要素も、自分の中で入り乱れていて、時に応じて善の部分が顔を出すこともあれば、にわかに悪の部分が顔を出すこともある。そういう混沌たる、純粋でない存在として自分は今生きているのだと実感します。そこであらゆる迷いを捨て去って、信の一字の中に自分を置くというのは、なかなか難しいことです。

例えば、妙好人《みょうこうにん》という言葉はご存じでしょう。一筋に親鸞の教え、阿弥陀如来に対する信仰を守り続けて、百パーセント疑いなく信心生活を続ける稀有な人のことです。大して学問がなくても、立派な文章も書けなくても、彼らが発する短い言葉は人々の心を打つというので、真宗において妙好人は非常に大事にされてきました。

しかし、私たちは妙好人にはなかなかなれません。なかなか、どころか生涯をかけても難しいと思います。人間の存在というものはローリングストーンズ、転がる石のように動いていくものです。時に迷い、時に一つの信心の中に己を託し、そうやって絶えず転がる石のように生涯を終えていく。それが私たちの人生なのです。

妙好人と称される、本当に純粋な信仰生活者は確かに一つの憧れですが、自分が妙好人になりたいとは正直言って思いません。こんなこと言うと叱られるでしょうが、欲望とか、悩みとか、現実社会の泥にまみれて生きている自分を大事にしたい、そういう存在として人間を受け入れたいと思うのです。

ですから親鸞の思想も、拝跪すべき思想として捉えるのではなくて、二人いて喜ぶ時は一人はこの自分だと思え、と言ってくれるその心強さ、深いフレンドシップ、慈悲という感覚こそが大事なことではないか、そう思うことがあります。

論理と合理性は真の力となるか

親鸞の生涯については実に様々な研究があって、相当程度、詳しく分かっている部分もありますが、やはり大半は未だに分からない、というのが本当だと思います。

例えば、親鸞の出自もそうです。どういう家に生まれてどう育ったか、そのことだけでも、系図をはじめ多岐にわたる行き届いた考証がなされ、日野家という下級貴族の出身というのが定説になっています。しかし、それでも梅原猛さんなどは『親鸞「四つの謎」を解く』（新潮社刊）という本の中で、源頼朝と縁戚関係があったのではないかという新説を提示されている。けれど、本当のことは分かりません。

戦後、民主主義という思想が錦の御旗とされた時代には、親鸞は被差別部落の出身だったという説が唱えられたこともありました。確かに、親鸞の思想には、川に網を曳き、海に漁をし、山に獣を追い、殺生を生業《なりわい》とする人々への共感と働きかけの言葉がたくさん出てきますから、その説が出てくる理由も分からないではありません。

この世で不当に卑しまれ、賤視される人々への眼差しに、親鸞自身の出自が反映してるのではないか、そう見ることも可能かもしれない。もっとも現在では、十中八九、下級貴族の出身とされていますが、親鸞の血脈、家族構成、生涯に関してさえ分かったようで完全には分かりません。また、あえて分かる必要もないのではないかと私は考えています。

新潟など上越から関東のほうへ親鸞の足跡をたどっていくと、親鸞伝説、それも奇跡の伝説がすごく多いのです。杖を突いたらそこに竹が生え、その杖が逆さまだったので笹の葉が逆向きに生えていたとか、大蛇が悪さをするので親鸞が何かを投げ込んだら、とたんに大蛇が出なくなったとか、親鸞が念仏を書いた石を積んだら不思議な功徳があったとか、土地によって実に色々な逸話が残っています。

しかし本来、親鸞は迷信や神秘を否定する立場であり、非常に合理的、論理的な精神の持ち主であり、近代の人々にとってはそこが親鸞の魅力なのだと思います。

ただ、それぞれの土地にはその土地の神様があって、古来からの習俗というものがありますね。かまどにはかまどの神様がいて、お正月にはしめ縄を張ってお祈りする。山に入って木を切る時は、木にしめ縄を張ってお酒を捧げた後で切り倒す。日常生活の中で古代から連綿として続いてきた多種多様の習俗で、土俗信仰とも呼ばれます。

では、親鸞が関東に行って人々に念仏を説き、そうした土地の習俗と向き合った時、親鸞は自分の合理性、神秘主義を否定する近代的な姿勢をどこまで貫くことができただろうか。そう考えると、複雑な思いにとらわれるのです。

例えば今、自分が思いがけずがんに罹って、余命はこのぐらいです、ちょっと手のつけようがありませんね、と宣告されたとします。そういう絶望のどん底に陥った時に、それでも何とか生きていく力、光を与えてくれる人はいないか、きっとそう考えるでしょうし、そんな時に親鸞にふと心惹かれた人がたくさんいると思うのです。そこで合理性や論理がどこまで力となるか、なかなか難しいことでしょう。

真俗二諦は妥協案か

ご存じのように、北陸のほうでは親鸞聖人は親鸞さま、蓮如は蓮如さんと呼ばれています。敬称の「さま」と呼称の「さん」の間には、かなり大きな隔たりがあるのです。

蓮如は本願寺の中興の祖であり、日本中に念仏を広めた人としての功績は大きいのですが、宗門の外からは厳しく非難されています。宗教者としてより、マキャベリストとして全国に教団のネットワークを作って強固な体制を作り上げた権力者、という見方をされている。また、真俗二諦《しんぞくにたい》という蓮如の考え方にも批判があります。

真俗二諦とは、どういうことでしょうか。信仰の道を貫いていこうとすると、現実の社会、政治、経済とどうしてもぶつかり合うところが出てきます。例えば、昔の藩で一番偉いのは殿様ですが、真宗の考え方では阿弥陀如来こそが至上の仏です。藩主であろうと家老であろうと、武家であろうと賤民であろうと、阿弥陀如来の前には等しく御同朋に過ぎないということになる。でも、現実にそれを通していくのは容易ではありません。そこで、真俗二諦という考え方が出てくるわけです。

蓮如は「額に王法、心に仏法」と言いました。つまり、人はみな分け隔てなく御同朋であり、身分の差などないという信仰は心の中で仏法として抱きながらも、法律や慣習、つまり王法にも順応しようとする考え方です。ある意味では、信仰と現実との妥協ですから、それは純粋な信仰の道ではないと批判されるわけです。

そしてこれが戦時下、軍国主義の時代には軍国主義に逆らわず、国体に対して順応し、天皇を絶対的に尊崇することにつながったとする批判も最近あります。

もともと真宗の中で、神祇不拝《じんぎふはい》は長く大事にされてきた思想の一つです。神社など他の神様の前で頭を下げない、拝まない、家には神棚を置かないということです。しかし戦時中、私たちの家では天皇陛下の御真影を室内に飾り、必ず一戸に一つの神棚があり、同時に仏壇もありました。これも「額に王法、心に仏法」という思想の現れだったと思います。

現実妥協主義者として批判を受け続けている蓮如自身、その使い分けを奨励していました。税金はきちんと納めなさい、近所の付き合いや義理は果たし、土地の色々な決まり事も守りなさい、しかし、心の中では弥陀一仏という信仰を抱き続けて生きなさい、と。これは見ようによっては二重生活、ダブルスパイの生活をせよと言ってるのと同じになります。しかし、それなしにどうすればいいというのでしょうか。

私は先日、島原へ行って、天草の乱で数万人ものキリシタンが籠城して死んだ原城の跡を歩いていて、複雑な思いがしました。弾圧に対して、信仰を敢然と守って死ぬべきか、それとも現実に順応しながら、心の中で大事なものを守り続けていくべきなのか、自ずとそういう考えが湧いてくるのです。それに対して、親鸞はどう答えるだろうか。

親鸞は『歎異抄』の中でこう言っています。そこが念仏の縁なき土地だと分かった時、つまり、念仏を広めようにも地主や為政者や代官から弾圧され、念仏を唱える道場で仲間と信仰をともにできないようならその地を離れよ、仕方がないではないかと。

しかし、先祖代々その土地に暮らし、地縁社会の中で生きる人たちにとって、その地を離れるのは、ほとんど不可能に近いことだと思います。昔の封建時代、土地を離れるとは無宿人になることで、なかなか現実にはできないことでした。しかし親鸞は、そうしてでも信仰を貫けというのです。

本願誇りと造悪説への諫言

現実社会の問題だけでなく、本願誇り《ほんがんぼこ》りという信仰の問題もありました。本願誇りとは、自分たちは阿弥陀如来の腕に抱かれて、他力のもとに必ず往生できる人間であり、悪人正機の言葉どおり、深い病を帯びている自分たち悪人こそ先に救われるのだと誇ることです。例えば、ここに病人がいるとします。こちらは風邪をひいたぐらいですが、あちらは虫垂炎を患っていて、へたをすると腹膜炎になりそうだという。その場合、どちらを先に治療するか。やはり重病患者のほうを先にするでしょうね。

これと同じように、業が深く、罪が深い悪人ほど阿弥陀如来の深い慈悲に救われる。要するに、善人は後回しでいいということです。深く悩み、深く悲しみ、深く傷つき、そして己の深い罪に恐れおののいているほど救われるなら、いっそ悪い行いを重ねて、重い病にかかったほうがいいのだという考え方、いわゆる造悪説《ぞうあくせつ》が出てきます。

実際、親鸞が悪人正機説を唱えてそれを人々に教えた時代、悪をなせばなすほど阿弥陀如来の心が優しく自分の上に降りかかってくる、悪人こそが先に救われる、というので、あらゆる悪事を進んでやろうとする動きが起こりました。

これは、真宗が肉食妻帯など戒律を基本的に認めないこととも重なる部分があるように思います。酒は飲まないほうがいいけれども、多少は飲むのも仕方がない。商売をする者は商いをし、殺生をして生きる者も他に生きていく道がないならそうしなさい。家畜や動物の肉を食べても差し障りはない。こういう感覚と、悪人ほど多く救われるという解釈が重なって、深い罪を犯した人間ほど救われるという説が生まれていきます。

親鸞はそれを批判しているのですが、その批判にはいささか力がない気がします。「薬あればとて毒を好むべからず」という言い方で、妙薬があるからといって、好んで悪食をしてはいけない、と諫めているわけですが、どうも私には常識的で今ひとつピンとこないのです。そもそも悪食というのは誘惑が強ければ強いほど魅力があり、薬があるならいいのではないか――この場合、薬とは他力という妙薬ですね。

人間の心の中には、誰しも邪《よこしま》な欲望があります。邪な欲望を満たすことで地獄に落ちるなら恐ろしいが、悪行を重ねたとしても必ず救われる、しかも罪深い者から救われるなら、やりたいことをやろうじゃないか、というのも分からない理屈ではない。

親鸞の生涯の半分ぐらいは蔓延する造悪説との戦いで、この説を唱える人たちは本願誇りと呼ばれました。

他力という弥陀の本願が自分たちを守ってくれるのだから何をしてもいい、という本願誇《ほんがんぼこ》りを、親鸞は厳しく諌めました。しかし、そうした人々に対する親鸞のまなざしは、必ずしも徹底的に弾劾するという厳しいものではありません。

当時、関東の道場では本願誇りや造悪説に走った人々を除名処分にし、道場に一切入れず、念仏の仲間から追放しました。こうした対応にも親鸞は、それはよくないのではないかと疑問を呈しています。それが親鸞の優しさなんですね。

それまで阿弥陀如来を知らずに絶望の底でうごめき回っていたがために、たまたまめぐり会った他力というものに、子供が母の愛に狂喜するように夢中になって、喜びのあまり跳ね回って様々な失敗を繰り返す。そう考えれば、本願誇りも哀れなものではないか、という配慮が親鸞の言葉にはうかがわれます。それが、「薬あればとて毒を好むべからず」という、中途半端な教えになったのではないか、と私は思うのです。

人々との深い隔絶と『教行信証』

釈尊ブッダは、菩提樹の下で瞑想して悟りを得た時、最初はそれを他人に語ろうとしなかったといいます。ブッダはその悟りを自分の中で反芻することで一人満足していました。自分が直感として得た悟りは、語るにはあまりに奥が深く、微妙なものだから、他人にどう説明しても本当のところは理解してもらえないか、あるいは誤解を生むだけではないか。そう考えたというのです。

そこで梵天勧請《ぼんてんかんじょう》という有名な話になります。梵天はヒンドゥー教、すなわちバラモンの神で、この偉大な神がブッダに対して、自分の得た悟りについて人々に伝えなさい、語ってあげなさい、と繰り返し説得する。ブッダは、「いいえ、こんなことを話しても理解してはもらえないでしょう。自分の悟りは自分の心の中だけで、大切に温めておきたいのです」と渋りますが、梵天の繰返しの勧請についに折れて、人々に自分の悟りを語りはじめるのです。

おそらく親鸞にも、この時のブッダと似た思いがあったのではないでしょうか。

親鸞は、比叡山で仏教の正統な勉強をし、古今東西の厖大な書物を読み、あらゆる知識を吸収した大知識人でした。その後も苦労も重ね、『教行信証』を執筆する時はさらに万巻の経典を読みつくしたといわれます。

そんな人がようやく得た自分の確信を、普通の人に伝わるように、同じレベルで語ることはできないでしょう。するとそこには大きな隔絶が生まれる。その深い溝をいかにして埋めるか、それが親鸞にとって生涯のテーマだっただろうと私は思うのです。

『教行信証』というのは膨大な著述で、全編を通して博引旁証といいますか、私などではまったく歯が立ちません。また一方には、八十歳を過ぎてから作った和讃という歌がたくさんある。この『教行信証』と和讃とのちょうど中間に『歎異抄』があるという感じです。

この谷間、間隙というものはものすごく深いものがあります。親鸞の中には、自分の感じたこと、考えたことを、そのまま一般の人たちに伝えるのは難しいという焦り、あるいは絶望感が間違いなくあったはずです。例えば、関東から門徒たちが、野を越え山を越えて京都までやってきて、親鸞に「何か他力往生の極意みたいなものはありませんか」と相談した時、親鸞はこう答えます。

「そんなものはない。ただ念仏を信じて自分が救われると思う以外に何もなく、もっと色々知りたいなら、比叡山には学問の巨匠もいれば、南都（奈良）のほうにもたくさんお寺があるから、そこへ行って聞いたらどうか」

この突っぱね方は非常に厳しいものです。そして、親鸞が得た思想を本当に理解し、解説するのは簡単ではないどころか、不可能だという感覚さえあるという気がします。よく言えば、毅然とした、悪く言えば、冷たい、突き放した応対で何とも言えない気持ちで読むことがあります。親鸞は卑俗な人々に対して語ることを拒まなかったけれども、やはり彼自身はそういう普通の人たちとは違うのです。

法然は、痴愚になれ、赤子のように愚かに徹し、学問も忘れ知恵も忘れ、素直に念仏だけを信じる気持ちになりなさいと言いましたが、それは不可能なのです。なぜか。

教養を身につけたということはそれ自体、一つの大きな罪を背負ったことになるからです。教養というものは知識人の背中にトラウマのように深く刻印され、振り払うことは生涯不可能なのだと私は思います。

こんなことを言うと、真宗の学者に笑われるか、叱られるかもしれませんが、親鸞がなぜ『教行信証』を書いたのか、これは大きな謎なんです。『教行信証』の完成については諸説あって、関東にいた頃、六十歳までにすでにある程度出来上がっていて、その後京都に戻ったのは、当地で文献を検討して完成を期すためだったという説もあれば、六十代前半で一応の完結を見て、その後も何度も何度も手を加え続けたという説もあって、親鸞が『教行信証』を人に見せるのはかなり後年です。

この大著を書くことで、真宗の本義を後世に残そう、聖典として天下に広めようという心掛けで書いたのでしょうか。あるいは法然上人の大事な教えを自分なりに文字化して残そうとしたのか、そうかもしれないし、そうでないかもしれません。

あれほど法然上人を慕い、法然の遺訓を大事にした親鸞ですから、自分の頭の中にある、あらゆる教養と知識を全部振り捨てて愚に徹せよ、痴愚になれ、という師の言葉はずっと頭を離れなかったことでしょう。そして親鸞の生涯には、自ら背負ってきた知識人としての罪というものが顔を出すことが、繰り返しありました。

例えば、夢の中でさえ経典の難しい言葉がすらすらと目に浮かんでくる。土地の凶作を救おうと経典を千度も読破しようとして、こんなことをしてはいけない、と思いとどまったというのも、身についた教養の根深さがなせることでしょう。

その時、親鸞はある意味で深い絶望に陥っただろうと思います。どうして自分が身につけた知識と教養を振り払い、真の痴愚になれるであろうかと。

そういう中で親鸞は、自分が背負ってきたものの一切を『教行信証』という膨大な著述に託し、そこへ全部吐き出すことで身軽になろうとしたのではないか。そのために、あの書物を書き上げたのかもしれない、私はそう考えています。

傷を見せ合った法然と親鸞

法然も、痴愚になれ、赤子のように素直になれ、と言ってはいますが、親鸞が法然のもとに百日通った末に弟子入りしてきた時、内心とてもうれしかったんだと思います。法然は若くして比叡山を出ていますが、学問や教養に対する知識人としての執着は断ち切れてはいなかったはずです。そこへまた、比叡山きっての秀才といわれた親鸞が山を下りて自分のもとにやってきた。痴愚になれといいながらも、学問的な話ができる弟子が入ってきたことは、心中ひそかに心強かったのではないでしょうか。

だからこそ親鸞は、割と新しい弟子であるのに『選択本願念仏集《せんちゃくほんがんねんぶつしゅう》』を書き写すという門下でも稀な幸運に恵まれ、法然の絵像まで写書することになったのではないか。ですから、二人は教養という互いの傷を見せ合い、慰め合うような関係だったのかもしれないと私は思いますね。

色々と理屈を述べ立てて学問的に法然を論破しようとした人が帰っていく後ろ姿を見て法然は、ああいう人は成仏できない、と皮肉な感じで言ったそうです。逆に、ものを知らない素朴な農民がやってきて、ひたすらありがたいと言った時は、あの人は必ず救われる、と言ったという。しかし、法然自身も親鸞自身も、洗っても洗ってもとれない知識や教養を抱えていた。それを全部一挙に集約して切り離そうとしたのが、『教行信証』という大著だったとすれば、あの中に彼の全教養と全学問が全部注ぎ込まれていて、そこで断ち切れたかというと、そうはいかなかったんじゃないでしょうか。

逆に妙好人というのは知識や教養のない人で、そこが鈴木大拙のような大教養人を感動させるところがあったのでしょう。知識や教養のあり余る人ほど、無学な純粋性に憧れたりするものなんですね。

ですから法然も親鸞も、二人とも無垢な赤子にはなれなかっただろうと思いますね。九十歳近くなって、文字も忘れてしまったという頃から、親鸞は自ずと赤子のような境地に少しずつ近づいていったかもしれませんが、基本的に最後まで頭の冴えた人だったと思います。

そもそも親鸞や日蓮に代表される鎌倉新仏教が興る前まで、正式なお坊さんになるには、昔の高等文官試験ではありませんが、たいへん難しい試験があって、許可も数を限って朝廷から出されていた。いうなれば高級公務員だったわけですね。

私も冷やかし半分に試験の内容を見たことがありますが、これが本当に難しくて、仰天しましたね。例えば声明《しょうみょう》をサンスクリット、梵語で歌う。次は漢語で、中国の感じで歌う、それから和讃で歌う、という具合に複雑怪奇な難題ばかりでした。中国の官吏登用制度にも比すべき超難関をパスした高級公務員、そういう人たちによって成立した仏教の目的は簡単です。国家鎮護と朝廷の温存、そのために奉仕するというのが鎌倉新仏教以前の仏教だったと思います。

もちろん、全てがそうだったとは言いません。庶民のために苦労した宗教家も中にはいましたが、空海にせよ、比叡山にせよ、その他の南都《なんと》北嶺《ほくれい》のお坊さんたちにしても、大筋としては朝廷の後ろ盾があり、集団的な雨乞い祈禱などもひっくるめて、国家社会全体を守るという発想での信仰でした。それが親鸞に至って、初めて個人の信仰というものが生まれたのだと思います。

親鸞は、阿弥陀如来は自分一人のためにいるのだと気がついた、とどこかで言っていますね。この「自分一人」というのが大事なんです。それまでは何々地方や何々村といった集団としての信仰であったのが、何の某という個人と仏様とが一対一で向き合うことになった。いわば流砂のごとき、所属のない庶民の一人が直に阿弥陀如来と向き合うことができるというのです。そうした個人の信仰、個人の思想をきちんと確立したのが親鸞ではなかったか。私はそう考えています。

ヨーロッパでも、近代的個人が確立されたのは、やはり近代社会に入ってからのことだと思います。それが日本では非常に早い十三世紀、個人というものの意識を親鸞はしっかりと取り上げていた。そこに惹かれるところがありますね。

これまで私は、蓮如という広い道を通って親鸞という森の入り口に差し掛かり、その森の中に迷い込んだまま、今なお、その迷路のようなジャングルの中で右往左往しているというのが本当です。親鸞について考えれば考えるほど難しくなって、懸命に迷路の出口を探しているのに出口が見えてこない。そんな状況です。

以前から申し上げているように、私は対話というものが一番大事なことだと思っています。ブッダの言葉にしても、イエスの言葉にしても、ソクラテスの言葉や孔子の言葉にしても、弟子との対話や人々との問答の中で、本当の形が伝わってきている。そう考えているからです。これについては、また次章でお話ししたいと思います。

第四章　親鸞思想の危うさ

『歎異抄』ブームと『愛国と信仰の構造』

本章では親鸞の思想について話をしたいと思いますが、これまでと同様、学問的な話をするつもりはありません。一人の小説家として、自分の経験したこと、考えたことに想像をまじえながら、親鸞思想を振り返ってみようと思います。まあ一種の雑談みたいなものですから、どうぞ気楽にお読みください。

近年、にわかに『歎異抄』ブームみたいな風潮が、世間に出てきています。

明治以来くり返し『歎異抄』ブームというのがありまして、数えて第三次か第四次なのか分かりませんが、『歎異抄』が何となく人目につくところへ出てきて世間の関心を集めている。そんな感じがしています。

たとえば、二〇一六年に、NHK教育テレビの「100分de名著」で、『歎異抄』についての連続講義が放映されました。講師役は浄土真宗の僧侶で思想家でもある釈徹宗《しゃくてっしゅう》さん、相方の司会者はタレントの伊集院光さんでした。

普通は宗教学者や僧侶などの同業同士で話すことが多いと思うのですが、釈さんのような気鋭の評論家と、生まれてはじめて『歎異抄』を読むという伊集院さんの組み合わせには、広く人々に関心を持たせようという制作側の姿勢がうかがわれました。

全国の視聴者のなかには、『歎異抄』という名前をはじめて聞いたかたも大勢いたことでしょう。当時、昼夜逆転で生活していた私は、朝がた寝る前、五時半からの再放送を見ていましたが、朝の早い時間から起きている人たちはたくさんいるものです。番組では、『歎異抄』にはじめてふれる人にも分かるように、釈さんが嚙んで含めるように話をされているのが印象的でした。

それともう一つご紹介したいのが、『愛国と信仰の構造』（集英社新書）です。これは二〇一六年に出た本ですが、これがじつに面白いのです。中島岳志《たけし》さんという若い学者と、島薗進さんという日本の宗教学の権威の対談をまとめたもので、「全体主義はよみがえるのか」

とサブタイトルが付いています。全体主義と親鸞、と聞くと意外な感じがするかもしれませんが、ざっと中身を説明しましょう。

昭和初期の戦前、というとちょうど私が生まれた頃のことですね。当時はまさしく騒然とした時代でした。一九三一（昭和六）年に満州事変が起こり、その翌年に満州国が建国され、国内では五・一五事件や血盟団による一人一殺などテロが相次ぎ、数年後には二・二六事件が起きています。

ヨーロッパではヒトラーが政権をとり、一九二九年のニューヨーク株暴落にはじまる世界恐慌の真っ最中で、社会主義が勢いを増し、労働争議やストライキが絶え間なく起こっている。そんな時代の渦のなかでこの国は大きく旋回し、やがて日中戦争から米英との全面戦争へと入り込んでいきました。

そうした流れのなかで北一輝《きたいっき》や石原莞爾《いしはらかんじ》といった人たちが、当時の日本の全体主義なりファシズム、あるいはナショナリズムを担い、その思想的背景には日蓮の思想があったのではないか――これは以前からしばしば指摘されてきたことです。

『未完のファシズム』（片山杜秀、新潮選書）という本に、その辺りの関係が詳しく書いてありまして、巻をおくあたわざるところがありましたが、近年そうした分析が相次いで発表されるのも、もしかしたら今は「戦前」ではないのか、そんな雰囲気が世の中に漂っているからではないでしょうか。

ともあれ、これまで全体主義と結びつけて語られるのは、親鸞ではなく、もっぱら日蓮のほうだったのです。

日蓮思想と宮沢賢治

「戦前」という言葉から連想される全体主義、ファシズム、軍国主義、ナショナリズム、民族主義という時代の流れには、じつは宗教が深く関わっていて、とりわけ日蓮思想が大きく影響していました。

たとえば一九〇一年、田中智學《ちがく》が『宗門之維新』という本を上梓するとともに、日蓮主義の国柱会という、国粋主義的な宗教団体を創立しました。その後、日蓮の思想が五・一五事件や二・二六事件、満州建国など国家主義的な動きに、色々な形で何らかの影響を及ぼし続けてきたという。私も、なるほどそういうものかと思います。

宮沢賢治は岩手県の花巻に生まれ、家は古くからの熱心な真宗門徒でした。彼の父親は、その当時の宗教界でスター的存在だった暁烏敏《あけがらすはや》のような人をわざわざ地元へ招いて話を聞く会を催すくらい、熱心な門徒だったそうです。

しかし、賢治は先祖代々の信仰をなげうって法華経に帰依し、日蓮主義者になりました。改宗というのはそれまで属していた宗派を自ら棄てるわけですから、何かの宗教に感化されて信徒になるよりも、ずっとエネルギーが要ることです。クリスチャンがキリスト教を捨ててイスラム教に改宗する場合を考えれば、お分かりになるでしょう。

賢治は幼い頃から「正信偈《しょうしんげ》」を唱えて育ち、そらで言えるまでに暗記していたといいます。そんな環境に育ちながら、あえて浄土真宗を捨てて日蓮宗に改宗し、ついには父親をはじめ家人たちまで日蓮宗に改宗させてしまうのです。

彼ははるばる東京までやってきて国柱会に入会し、田中智學に直接面会を求めます。しかし、当時の田中は非常に注目され、人気もある思想家で、その視線はこの国のエリート層、あるいは権力構造の上流にいる人たちに向けられていました。

岩手のような田舎出の物書きが単身上京して会いたいと言っても、なかなか会おうとしなかったようです。面会を求めながら田中に会えなかった青年は他にもたくさんいましたが、それでも賢治は正式な国柱会の一員となり、地元に戻って活動を始めます。

賢治が先祖代々の真宗信仰から日蓮宗に改宗した理由について考えると、真宗には、どこか現実社会を変えようとしない雰囲気があったからかもしれません。

一方、日蓮は『立正安国論《りっしょうあんこくろん》』もそうですが、元寇の危機に際しては鎌倉幕府に働きかけるなど、様々な形で現実の世を改造しようとしました。今、この世をよくしなければならない、という考え方は『銀河鉄道の夜』に出てくる、

「天上へなんか行かなくたっていいじゃないか。ぼくたちここで天上よりももっといいとこをこさえなけぁいけないって僕の先生が云ったよ」

というジョバンニの言葉にもうかがわれます。

現代でも、日蓮宗の一つである創価学会は現実政治に影響を与え、社会福祉や社会活動に対して熱心ですね。それに比べると浄土真宗、親鸞の思想はこの世というものに対する関心が薄いのではないか、そんな感じもしてまいります。

おそらく賢治は当時の疲弊した農村の中にあって、自分たちが今生きているこの世をもっとよくしなくてはならない、何とか人々の暮らしを楽にしたい、という理想を抱いていたものと思います。だから、ただひたすらに念仏すべし、という真宗の思想にどうしても安住できない部分があったのではないでしょうか。

親鸞思想とファシズム

しかし、あながちそうとばかりも言えないのではないか。この本のなかで中島岳志さんが述べておられることは非常にユニークかつ大胆不敵です。

つまり親鸞の信奉者、あるいは熱心な真宗門徒のなかに、戦前の全体主義や民族主義に深く関わり、天皇機関説や社会主義者らを徹底的に攻撃し、言論弾圧の先頭に立った人々がいた。そうした親鸞の心酔者、親鸞思想には何か国家主義と通底し合うものがあるのではないか、というのです。実は私もかねがね感じていたことで、何か響き合うものを感じました。

ここに『現代と親鸞』という雑誌があります。たいへん充実した内容で、親鸞仏教センターですから真宗大谷派、いわゆる「お東さん」系列の研究機関ですね。そこで二〇一五年六月、先の本に先立って中島さんは「親鸞と日本主義」という講演をされていて、その後の質疑応答まで掲載されています。

親鸞思想と絶対主義に関連がある、という指摘に対して質疑では色々と疑問も出されましたが、とんでもない、ありえない、など真っ向から対立するような意見は出なかったようです。かといって、まったくその通り、と共鳴する意見も出ておりません。

しかし、いずれにしても親鸞仏教センターという現代における親鸞思想グループが、中島さんを招いて話を聞いたというのは、親鸞思想とファシズムという問題の指摘に対して、非常に敏感に反応したということではないでしょうか。

もともと親鸞とか『歎異抄』と言うと、罪や罰、悪の問題、そういう人間の内面をじっと真摯に考えるという、どこか浮世離れしたような内向的なイメージがあります。しかし、ここでは時代の流れとヴィヴィッドに関わる親鸞思想というものが取り上げられている。たとえば、次のようなことです。

昭和戦前、『原理日本』という雑誌がありました。この雑誌は、いわゆる社会主義者をはじめ様々な人々の言論に激しく嚙みつき、攻撃するための牙城となっていました。その『原理日本』の主宰者が三井甲之《こうし》という人物でした。

当時、激烈な評論家として注目された三井甲之は親鸞のたいへんな心酔者でもあり、若い頃は近角常観のような著名な親鸞学者のところへ話を聞きに通っていたそうです。戦前日本の愛国主義ムードのなかで民族主義的な思想を鼓吹し、他方では、それと相反するような言論を徹底的に攻撃した『原理日本』は、いわゆる全体主義的な思想メディアの代表格で、三井は蓑田《みのだ》胸喜《むねき》とともにその先陣に立っていました。そんな人物が親鸞に傾倒していたというのは、簡単には見過ごせないことだと思うのです。

清沢満之の登場

さて、先ほど触れた田中智學が『宗門之維新』という本を出す九年前に、近代日本の宗教学において注目すべき著作が刊行されました。清沢満之による『宗教哲学骸骨《がいこつ》』です。骸骨とはちょっと気持ちが悪いですけど、構造とか骨組み、いわゆる概論みたいな意味でしばしば使われていたようです。

ここではその清沢の代表的著書を引き合いに出しながら、親鸞思想というのははたして危険な思想なのか、全体主義とかファシズムとか、あるいはナショナリズムみたいなものと結び付く可能性があるのか、その辺りを考えてみたいと思います。

話は前後しますが、『歎異抄』は親鸞を知る上で、私たちが一番近づきやすい入口みたいなものです。親鸞自身の著述はたくさんありますが、やはり『歎異抄』が親鸞と日本人を結びつけている書物であることはまちがいありません。

言うまでもなく親鸞には『教行信証』という、渾身の力をふるって書いた畢生の大作があります。これをきちんとマスターしなければ親鸞思想は分からない、『歎異抄』など弟子の唯円が親鸞に聞き書きしてまとめたものであって自著ではない。学者の方々はしばしばそうおっしゃいますが、前章でも申し上げた通り、私はまったくそうは思わないのです。

誰かにしゃべったこと、面と向かって話したこと、あるいは対話、そういうものが本になった時、むしろ自分で筆をとって書いたものより、その人の思想をずっと深く正しく伝えることがある。私はそう考えていますし、親鸞思想を『歎異抄』をもとにして考えることは間違っていないと考えています。

少々漫然と話を続けますが、清沢満之は満年齢で三十九歳と九カ月、数え年でも四十一歳で早逝しましたが、明治から現代まで、清沢満之の名前は日本の思想史の中を繰り返し沈んだり浮いたりしながら、今なお生き続けています。そして近年やはりブームというか、清沢再評価の波が起きているようです。

元来がたいへんな秀才で、東大に首席で入学し、首席で卒業したというぐらいですから、べらぼうに頭のいい人だったのは間違いありません。

『歎異抄』の最後に、蓮如によって、「無宿善の機においては、左右なく、これを許すべからざるものなり」、つまり、この書は危険な書物だからいい加減な人に安易に見せるべきではない、と書かれています。

蓮如によって封印されていた禁書が、明治近代になって清沢という哲学者と、その一門の仏教者によって価値を見出され、人々に知らしめられ、それ以後『歎異抄』は日本人の魂の一角を担う書となった——しかし、これはある意味で俗な意見でしょう。

清沢という人は基本的に哲学者であり、しいて言えば真宗の宗教哲学者です。もとは真宗大谷派に属していて京都中学で校長を務めたり、宗門の改革運動に参加して破門されたりと、色々ないきさつがありました。実際、当時の仏教教団というのは本当にひどいありさまで、まさしく立ち枯れ状態だったと言われます。

私は正確にものを記憶するのが苦手で手元のメモを見ているのですが、まず明治に入って間もなく、神仏分離令が政府から出されました。当時は神仏混淆《しんぶつこんこう》と言われるようにお寺と神社、仏教と神道とが混じり合い、神前でお坊さんが念仏を唱えたり、神主さんとお坊さんが一緒に暮らしていたり、古いお寺の中には必ずと言っていいほど小さな神社があったり、普通の家庭にも神棚と仏壇が並んでいたりと、宗教と呼ぶにはじつに混然としたものでした。

そんなごちゃまぜの〝宗教〟では欧米諸国に未開の国だと軽蔑される、大急ぎで近代化しなければならないというので出されたのが神仏分離令でした。しかし、この神仏分離令というのが本当にひどいものでした。

これに乗じて廃仏毀釈《はいぶつきしゃく》運動が起こります。もともと徳川時代のお寺さん、いわゆる寺檀制度に対して根深い反発があったのが一挙に表に出てきた。たとえば、佐渡には三百ほどもお寺があったのがたちまち数十という悲惨な状態になったように、小さな末寺はどんどん廃寺になった。全国のお寺が統廃合されたことで、驚くべき数の寺院がそこで消滅してしまいました。

それと同時に神社のほうも、国家神道という大きな流れのなかで地方の小さな神社は次々壊され、人々の風俗習慣に密接した村の鎮守みたいな小さな社が閉鎖されていきました。こうした形で中央集権的な神道体制が形成されていくことに対して、南方熊楠などは随分と反対したようですが、やはり時の政府の力には及びませんでした。

以前、島根県の隠岐へ建国記念日向けの番組を作るために取材に行ったことがありました。隠岐は島前・島後という二つの大きな群島からなります。その一角でかつて寺にあった石像や石仏などが全て破壊されて山積みされ、廃棄物として置かれているのを見て本当に驚きました。当時の民衆はこれほどまでお寺を襲撃して、放火したり壊したりと様々なことを行い、それを国が後押ししていたのか、と。

その根本にあるのは、それまでの寺檀制度、お寺が戸籍をはじめ檀家を掌握し、その上に君臨しているという制度に対する民衆の憎悪と反発でした。それが神仏分離令によって寺への攻撃となって噴出したのでしょう。

もともと日本には一揆のような民衆の反乱がありました。しかし、明治の廃仏毀釈運動は、たとえば道端のお地蔵さんまで引っこ抜いて川に放り込むほどに激しいものでした。その背景にあったのは、お寺に代表される仏教が人々の生活と切り離され、社会体制を維持するための政府の下部組織と化していて、民の心を救うという本来の役割を果たすどころか、人々の上に君臨し腐敗していたということではないでしょうか。

立ち枯れ状態になった明治日本の仏教界のなかでは、真宗も本願寺も例外ではありませんでした。かつてカトリックの総本山であるバチカンが発行していた免罪符ではありませんが、お寺をランク付けして、それによって僧侶の袈裟の色を決めるようなことも行われたといいます。

こうなると檀家の人たちは、きらびやかな他のお坊さんに比べて、自分たちの檀家寺の住職がみずぼらしい墨染めの衣では我慢ならない。お金を出すから本山からもっと上のランクをもらい、立派な袈裟を着られるようにしてくださいということで、時には強制的に檀家からお金を集めることもあったようです。

財政的な苦しさもあったでしょうが、そうしたかたちで巨額のお金がお寺に吸い上げられる一方で、本当の仏教とは何か、宗祖親鸞の思想とは何か、ということはほとんど顧みられない状態だったのです。

浩々洞という名のサンガ

そういう時代に哲学者で真宗僧侶である清沢満之が現れ、精神主義という一つの宗門改革運動を起こすことになります。

清沢が学んだ当時の東大には、フェノロサのように海外から招聘された外国人教師が何人もいて、日本人教師の何倍もの報酬を受けていました。清沢はフェノロサからヘーゲルをはじめスペンサー、カント、スピノザらの哲学をしっかり学び、宗教哲学者として歩み始めました。

しかし、明治期の最も優れた哲学思想家と呼ばれた清沢が世間から注目されるようになったのは、亡くなる数年ほど前のことでした。その晩年、と言っても三十代後半ですが、清沢は東京の真宗大学学長となり、本郷の辺りに一軒の家を借ります。そこは近角常観《ちかずみじょうかん》の留守宅で、「浩々洞《こうこうどう》」と名付けられました。

ようするに中国の故事に出てくる梁山泊みたいなもので、そこで若い後輩たち数人と起居をともにしながら『精神界』という新しい雑誌を創刊するのです。

清沢と一緒に生活し、ともに語り合い、『精神界』を舞台にものを書くという一つの共同世界、浩々洞のありさまはまさしくサンガと呼ぶにふさわしいものでした。サンガというのは、聖徳太子が言ったように、仏法で尊ぶべき三宝の一つです。

悟りを開いたブッダである「仏」、正しい真理である「法」、そして「僧」は日本ではお坊さんを大事にしなさいという意味で使われることが多いのですが、もとは仏道を求める人々の集いのことです。

古代インドに仏教が生まれた頃、祇園精舎や竹林精舎で説法するブッダのもとに、仲間たちがおおぜい集まってきて、文字通り寝食をともにしながら、ブッダの教えを吸収していきました。そのようなサンガと同じように、清沢を中心として、後に三羽烏と呼ばれた佐々木月樵《げっしょう》、暁烏敏《あけがらすはや》、多田鼎《かなえ》という三人の若者、後には曾我量深《そがりょうじん》や金子大栄《だいえい》なども浩々洞に顔を出すようになっていきました。

当時の暮らしぶりを後に暁烏敏が振り返っていますが、これが何とも言えず、いい感じの共同生活だったようです。自分たちで食事を作り、時間さえあれば侃々諤々《かんかんがくがく》の議論を六時間、七時間、八時間と飽かずに続ける。清沢はもともと僧侶であり哲学者ですが、軸足は哲学のほうにやや重心がかかっていたようです。

「親鸞は弟子一人も持たず候」という『歎異抄』の言葉に象徴されるように、そもそも真宗では師匠と弟子や師弟関係というものは、建前からいえばありませんから、弟子と呼ばず「御同朋」であり、英語で言うところの「ブラザー」みたいな感覚でしょうか。

ですから清沢が師弟たちに教え諭すということではなく、むしろ暁烏や佐々木や多田のほうが先輩である清沢に対してずけずけと物を言い、一歩も引き下がらずにとことん激論を戦わせていました。

司馬遼太郎さんが『坂の上の雲』で書かれたように、国家と臣民が一体となって日本の国力を増し、とりわけ軍事力を育てていこうとする時代の流れがありました。その一方で、徳川体制下で腐敗し堕落し切った仏教に何とかして新風を吹き込もうという若者たちの情熱が感じられます。

清沢にとっての三部経

先ほどお話ししたように、清沢は『歎異抄』を発掘し、その価値を再発見して光を当てたとよく言われます。しかし、不思議なことに清沢自身が書いている文章に『歎異抄』のことはあまり出てきません。ただ、前にも紹介したように、次のような彼の言葉が伝えられています。

自分には生涯座右の三冊、仏教の言葉になぞらえるなら自分にとっての「三部経」がある。それは『阿含経《あごんきょう》』『エピクテトス語録』、そして『歎異抄』である、と。

『阿含経』は原始仏典の一つで、ブッダの教えを分かりやすく、生々しく伝えていると言われます。『エピクテトス語録』は、古代ギリシャの哲学者エピクテトスの語録。紀元五十年頃のローマに奴隷の子として生まれ、特別な才能と頭の良さを見込まれて哲学を学び、やがて奴隷の身分を脱し哲学教師になった人物です。

興味ぶかいのは、三冊とも本人が書いたものではないということです。

原始仏教の経典とされる『阿含経』は、ブッダ自ら筆をとったものではない。ブッダはこういうことをおっしゃっていたね、とみんなで相談し確認し合って「偈」として作り上げたものです。

エピクテトスもまた、生涯一冊の著書も残さなかったと言われます。誰か第三者が記録して語録としてまとめたものが、『エピクテトス語録』で、まとめた人自らの述懐によれば、自分の耳に残った言葉をできるだけ正確に再現して、つとめて間違わないように記録したということです。

「故親鸞聖人の御物語の趣、耳の底に留むるところいささかこれをしるす」

『歎異抄』の序文にあるように、唯円も、親鸞と日常生活をともにする中で交わされた会話や耳にとどめておけない言葉を、できるだけその通りに書き写したものと考えられます。つまり、三冊全てが言行録というか語録であり、ブッダ、エピクテトス、親鸞が話したことを第三者が記録したものです。

仏教の世界では、万巻の経典すなわちお経がありますが、その始まりは「如是我聞《にょぜがもん》」で始まりますね。「如是我聞」とは「私はこのように仏陀の話を聞きました」という意味で、同じように中国の古典中の古典『論語』も「子曰く」、つまり「先生は今日こうおっしゃいました」と弟子が書いているわけです。

もちろん、人間同士の話ですから聞いた側の主観が入り混じることもあれば、聞き漏らすことも、意味をとり違えることもあるかもしれない。しかし、繰り返しになりますが、キリストは聖書を一行も書かなかったし、ブッダも孔子も、その話を弟子たちが書き記したものなのです。

こう考えてみると、私たちはその人自身の手になる書きものと、第三者によって鏡のように映し出されたその人の言行録というものの価値を、あらためて発見しなければならないのではないでしょうか。

現代の私たちは著作権というものにこだわり、自分の名前で発表されるものには何かと神経質に注文を付けますが、そんなことを気にしないところに、清沢の思想が伝わってきます。後でふれるように、清沢の文章もある部分は浩々洞の後輩たちが清沢の話を勝手にまとめたものだったといいます。

ともに暮らし、議論を重ね合う。本人の書き物によるのではなく、言動によって何かを伝える。そういう感覚は非常に貴重なものに感じられるのです。

脚光を浴びた精神主義

清沢については、哲学者の西田幾多郎《きたろう》が真宗の大谷大学で講演をしたときにこう評したと伝えられます。

「これまで日本には哲学研究者はずいぶんあるが、日本の哲学者というべきは故大西祝《はじめ》とわが清沢満之氏であろう」

大西祝という人物について知られていることは少ないのですが、「日本哲学の父」という評価もあり、清沢と同じように三十六歳の若さで亡くなりました。いずれにしても、西田幾多郎という日本を代表する哲学者がそれほど認めるぐらい、清沢の名は心ある人々の間に広がり、重きをなしていたと考えられます。

これもある研究者の受け売りですが、藤岡作太郎という国文学者が明治の時代を叙述している中にも、

「今、思想家の名に値するのは大西祝と清沢満之くらいで、それには及ばぬものの高山樗《ちょ》牛《ぎゅう》と綱島梁川《りょうせん》の二人がいるが、宗教に関しての第一人者はやはり清沢である」

ということが書かれているそうです。当時の清沢への評価あるいは信頼感は非常に高いものがあり、影響力も大きかったと考えられます。

しかし、その後若くして死んだこともあってか、清沢の名前は宗門以外では長い間ほとんど語られませんでした。それが最近になって、明治以来では日本最高の宗教哲学者ではないかとまで言われている。そういう思想家、清沢満之にいくらかでも親しみが持てる一つのきっかけになるかと思い、一冊の本を紹介したいと思います。

今となってはじつに粗末な本ですが、奥付を見ると『精神講話　清沢満之』とあり、版元は東京本郷の文明堂、明治三十五年十一月に第一刷が出て、二年後の明治三十七年で五刷まで版を重ねています。いわば「重版出来！」というわけで、かなり売れていたということでしょうが、この『精神講話』には、先ほどお話しした雑誌『精神界』に清沢が載せた文章がたくさん収められています。

その冒頭、「信ずるは力なり」という文章の一部を抜粋してみましょう。

「凡そ我々が世に立つに当つて最も大切なことは、我々の精神の基礎を定むることである。礎がなければ家は立たぬ。精神の基礎がなかつたならば、我精神は決して安立することはできぬ。安立することができぬ故、活動といふことは固よりできる訳はない。それ故我々は是非とも精神の基礎を見つけねばならぬ。されば其基礎とは何であるか。それは財産でもない、権勢でもない、地位でもない、学識でもない、一個の至誠の心である」

以下、「至誠の心」「宗教は主観的事実なり」「克己《こっき》の心」と様々な文章が続きますが、当時そうした考え方は精神主義、あるいは内観主義と呼ばれることもありました。

いずれにせよ、清沢は立ち枯れ状態になった当時の仏教界において、親鸞思想に自ら光を当てていく中で、自己の感性あるいは自分とは何か、そういうことを深く考えるべきだと唱えたのです。

この時代の日本は、日清戦争が終わって日露戦争が始まるまでの相対的安定期にありました。大国である清との戦争に勝った日本人が高揚して、「次はロシアだ、ロスケ討つべし」といった対外的な発展主義、あるいは軍国主義が非常に高まっていました。日本全体がある意味で高度成長というか積極主義にあって、バブル的なムードが漂い、日本がアジアの盟主として多くの植民地を獲得し、隆々と世界へ進出していこう、それを邪魔するロシアなど打ち負かせばいい、そんな雰囲気だったのです。

もともと日本には、民衆が敵を軽蔑する風潮を政府が醸し出し、それにメディアが乗っかり、国民もさらに呼応して盛り上がっていくようなところがあります。

たとえば日清戦争の頃、「チャンコロ」などという蔑称を中国人に対して使っていて、私が子どもの時分にも、まだそれが残っていた。中国人をチャンコロ、ロシア人をロスケ、太平洋戦争になるとアメリカ人をアメ公とか鬼畜とか、相手も同じ人間でどれぐらいの力を持っているかをほとんど考えもせず、蔑視することで満足してしまう。それは、この国の非常によくない習性のような気がします。

日清戦争自体、国力から考えればよく勝てたものだと思いますが、あの大国と戦って勝ったのだ、ロシアにだって負けるものか、この時期、この小さな島国の世論はそうした機運が澎湃《ほうはい》として高まっていたのでしょうか。その後の日本は富国強兵、とりわけ強兵という道を歩んで、積極的に発展主義を続けていこうとしていました。

『坂の上の雲』と『精神界』

話を戻しますと、「坂の上の雲」を目指して国全体が過熱している中で清沢が唱えたのは、自分の内面に目を向けるということでした。

己自身を知れ、自分を見つめよ、我とは何か——このような考え方は時代の流れに逆行するものでしたから、一部では消極主義とも呼ばれました。精神主義とはどういうことか。鈴木大拙に『日本的霊性』という著書がありますが、それに倣って霊性、あるいは心という意味にもとれるし、英語ではスピリチュアル・アウェイクネス、つまり心の覚醒や心の目覚めという意味に翻訳されることもあるようです。

いずれにせよ、日本という国が外へ向かって膨張していこうとする嵐のような熱気のなかで、清沢は個々人の内側に目を向け、心が大切なのだと訴えた。知識よりもさらに奥にある霊性というスピリチュアルな世界、信仰や信心を大事にしようという考えを『精神界』という雑誌で鼓吹《こすい》したのです。

この『精神界』は非常に話題になったようで、はっきりしませんが一万部ほど刷られたそうです。当時としては大きな注目を浴び、争って読まれたことで、清沢満之は日本の思想界の若きエースとして注目されるようになりました。

ついには「真の哲学者は清沢しかいない」と言われるまでになり、思想や哲学という学問の世界にも流行があるのだとつくづく思います。

私が子どもの頃、横光利一と志賀直哉は「小説の神様」と呼ばれましたが、いま書店に行っても、横光の『旅愁』や志賀の『暗夜行路』は簡単には見つかりません。かつて神様と呼ばれた人が忘れ去られ、また何かの折に復活してくる。泉鏡花なども近年はなかなかカッコいい作家と思われていますが、自然主義の勃興期にはすでに過去の作家として冷遇された時代がありました。

こういうことは哲学の世界でもよくあって、例えば十九世紀において「スピノザはとうに流行遅れの死んだ犬として扱われている」と述べたヘーゲルもまた、マルクスやエンゲルスによって再び注目されるまで、あたかも死んだ犬のように世間から放り出されていたようです。かの大ヘーゲルにもそんな不遇な時代があったように、思想や哲学の世界にもやはり有為転変というのはあるものなんですね。

日清と日露の二つの戦争の間というのは、日本の青年にとって非常に悩み多き時代でした。日光の華厳の滝に飛び込んで命を絶った一高生、藤村操《みさお》の遺書にあった「人生これ不可解」という言葉が物語るように、煩悶することが知識人の条件であるかのように考えられていました。

その一方で国民は、ロシア討つべし、東洋に進出して八紘一宇《はっこういちう》を実現せよ、と声を枯らしていました。植民地主義、軍国主義、発展主義、成長主義と、いわば躁状態になっている時代の空気のなかで、人々の心のなかでは不安と煩悶が進行し続けていた。自分の内面を見つめよ、心にかえれ、という清沢の主張、精神主義は一部の人びとの心を確かにつかんだものと思います。

清沢に注目したのは、西田幾多郎のような哲学者や思想家だけではありません。夏目漱石も清沢については関心を抱いていたらしく、『吾輩は猫である』の中に清沢をモデルとした人物が描かれているとか、『こころ』という小説の主人公はじつは清沢であるとか、様々な見方がされているようです。

漱石と親しかった正岡子規とも関わりがあったようで、清沢が病床にあった子規に手紙を送ったことが『病牀六尺《びょうしょうろくしゃく》』のなかに記されています。

聞けばたちまちピンと来る話ではないかもしれませんが、「坂の上の雲」を目指す旺盛な時代の流れとは逆に、自己に深く沈潜して心を見つめようという主張が人々に影響を与えていた。そのことを忘れてはならないと思います。

清沢門下の三羽烏への信頼

さて、ここで注目すべきことは、『精神界』に載った清沢の文章のいくつかは彼自ら筆をとって書いたものではないのではないか、と言われていることです。家族きょうだいのように清沢の身近にいて一緒に議論をしながら暮らしていた暁烏敏《あけがらすはや》、佐々木月樵《げっしょう》、多田鼎《かなえ》らが、清沢の話を文章にまとめて清沢の名前で出していたらしいのです。『精神界』の編集のほとんどはその若者三人が行っていて、彼らは清沢の書いた文章にどんどん手を入れていったといいます。師匠ではないにしても、一応はグループの先輩であり中心人物の書いたものに勝手に手を入れたり、あるいは書いていないにもかかわらず、話で聞いたことを書き加えて発表する。これは普通では考えられません。

さらに不思議なのは、それに対して清沢が何も文句を言わなかったことです。私などもインタビュー原稿に、「いや、ここはちょっと表現が違う」とか「そういうつもりで言ったんじゃない」とか、文句を付けることはしょっちゅうです。しかし、清沢は一言もそういうことを言わなかったという。これはすごいことですね。

こんなエピソードがあります。東大総長だった加藤弘之という政治学者が清沢に手紙を送り、「あなたの書くものがたいへん世間で話題になっている。私も関心があるが、よく分からないところがあるので一度会ってお話がしたい。拙宅まで伺ってくれないか」と依頼しました。

当時としては第一級の知識人であった加藤の依頼に対して、清沢はまだ若い暁烏敏に手紙を持たせたそうです。

「この者の言うことは全部、私が言うことと同じと受け取っていただきたい。ですから、私が行かずともこの者の話を聞けば、私の考えは全てお分かりになるでしょう」

暁烏は非常に感激しました。まだ若い自分の意見を全て清沢の言葉と受けとっていただきたい——これほど全幅の信頼を受けて感激しない青年はいないと思います。

そして実際に暁烏は清沢の代理として加藤に手紙を渡し、色々な議論をしますが、元東大総長で唯物論者の加藤は、「何を言っているんだか、さっぱり分からなかった」と後でこぼしたそうです。

この清沢のおおらかさ、とても私には真似できませんね。若い連中が自分が書いた原稿を勝手に直す。それをもう一度見せもせずに雑誌に載せ、自分の名前で論文や意見を発表する。論旨に対して世間から激しい批判と攻撃があっても、いや、あれは自分が書いたものではない、誰それがまとめたものだとか、そんなことはひと言も言わなかったという。仲間への信頼と包容力には、ただただ感心してしまいます。

暁烏敏は毀誉褒貶がものすごくある人で、戦争中はいわゆる戦時教学、愛国主義的な言論をずいぶんと展開しました。

暁烏は、中学生に英語なんか教える必要はない、と言ったそうですが、かつては外交官志望だったという話で、昔、金沢の暁烏文庫で白隠禅師の『遠羅天釜《おらてがま》』だったか、『夜船閑話《やせんかんわ》』だったかを読んでいたら、最後のページの裏に「〇年×月、長谷川先生のロシア語の授業の後で」と記してあるのを目にしました。長谷川とはつまり、二葉亭四迷ですね。英語嫌いでロシア語やドストエフスキーに傾倒するなんて、これはどうも複雑な人物だと思ったものでした。

その暁烏が金沢に住んでいた頃、ある学者が西田幾多郎記念館を訪れた後で、こう言ったそうです。

「西田先生の生原稿、直接お書きになったものを拝読して本当に感激しました」

それを聞いた暁烏は、

「そんなものに感激するんかね。わしらは清沢先生の原稿で鼻かんで捨てたもんや」

そう言って唖然とさせたそうですが、清沢のグループはそういう雰囲気だったのでしょう。先ほど言ったように、ブッダがサンガのなかで色々な話をする。周りの人は真剣に耳を傾ける。師が弟子に教え諭すという関係ではなくて、ゴータマ・シッダールタ（ブッダ）とその

仲間たちという感じです。ある学者の見方によると、

「ちょっとゴータマさん、あれについてはどう考えたらいいのかね？」

「ああ、それはつまり、こういうことで――」

みたいな会話がくり返されたに違いないという。確かにうなずけます。

「親鸞は弟子一人も持たず候」

そうは言っても傍から見たら、親鸞には様々な年代の「弟子」が山のようにいました。師のように、あるいは弟子として振る舞ったときもあったにちがいありません。それでも気持ちの上では、弟子は一人も持たなかった、ということです。

自分より年下であっても、話を聞きに来る人に自分が師なのだという心持ちで対したことは一度もない、みな御同朋《ごどうぼう》なのだ、ということを言っている。清沢とそこに集う若い後輩たちとの間の人間関係も、まさにそのとおりでした。

ブッダのサンガも、後になって集団の規則のようなものが出てきましたが、原始教団の頃は、そんなふうだったのではないでしょうか。

それに似た雰囲気を残した浩々洞《こうこうどう》というグループが出した雑誌『精神界』、そこに載せたものがまとめられた『精神講話』は当時のベストセラーになり、人々に大きな影響を与えま

した。

しかし、その後長い間、清沢はあまり関心を持たれませんでした。九〇年代にちょっとした清沢ブームがあり、近年また第三の波というのか、親鸞や『歎異抄』とともに清沢満之の名前をあちこちで目にするようになりました。『歎異抄』を通じた親鸞思想の再評価、そこに近代的な思想として脚光を当てたのが清沢という位置づけです。

しかし実際は、弟子の三羽烏の一人、暁烏敏が清沢の死後、『歎異抄講話』という本を出してたいへんなベストセラーになり、人々がこぞって『歎異抄』を読みあさるブームが起きているのです。

親鸞を悩ませた造悪説

世間的な定義では、蓮如が禁書とした『歎異抄』の価値を明治に入って清沢が再発見し、暁烏の手によって世に広められたとされています。でも、私は疑《うたぐ》り深いたちですから、蓮如が禁止したと言っても、教団内で読むことさえもはばかられるという雰囲気ではなかったのではないかと思うのです。

「無宿善の機においては、左右なく、これを許すべからざるものなり」

先にふれたように、たしかに『歎異抄』は、このような言葉で結ばれています。「人を千人殺してみよ」とか「悪人こそ往生できる」とか、信仰心のない人やいい加減な人に軽々に見せると誤解を招きやすい危険なところがある。だから、よくよく心して扱わなければいけない、ということを自戒の言葉として書いているのでしょう。

蓮如は親鸞の言っていることの危うさと難しさを、直感的に、深く嗅ぎとっていたのだろうと私は思うのです。

誰も見てはいけないとか、誰にも見せてはいけないとかいう意味ではなくて、当然に大事なものだという意味であり、われわれ真宗の教え、親鸞の教えを聞く者にとっては大切な重要なものだから、あちこちで見せ散らかしたりするのは控えたほうがいい、そういうことだったのでしょう。

親鸞が生きていた頃から、造悪説、つまり悪を為せば為すほど阿弥陀仏に救われる、というような異端の説が広がっていました。

たとえば、「善人なをもて往生をとぐ。いはんや悪人をや」という有名な一節があります。自分は善人だと思い込んで、いい気になっている人でも浄土に成仏する。ましてや己の罪に泣き、自分の罪の恐ろしさにも気がつかない人に阿弥陀如来が手を差し伸べないはずがないではないか。そういう意味です。

しかし、善人よりも悪人のほうが成仏するはずだと言葉通りストレートに受け取ってしまうと、悪人ほど阿弥陀如来から救いの手が差し伸べられる、悪人であることが救いの条件なのだ、そう誤解する人が出てきます。

これは説明が難しい問題です。もし造悪説をとると、ならばどんどん酒も飲もう、悪いこともしよう、悪事を重ねるほどいち早く浄土に迎えられるんだから――そう誤解する人が出てきてしまう。『歎異抄』という書物は、そういう危険性をはらんでいるのです。

しかし、前章でも触れたように、それを戒める親鸞の言葉は弱いものでした。

「薬あればとて毒を好むべからず」（御消息集）

阿弥陀如来の救いの手があるからといって、わざわざ好んで毒を飲むことはないではないか、というのです。しかし、そもそも毒を飲むのは気持ちがいいからです。そこに一時とはいえ喜びなり快感があるから毒を飲むのであって、別に薬があるから安心して飲むわけではない。薬あるからとて毒を好むのはよくない、という説明の仕方は決して力のあるものではありません。

人には誰でも怠けたいという気持ちがあります。怠けると、楽で気持ちがいいからです。麻薬や覚せい剤にしても、薬や治療法が用意されているからやるわけではない。そこには何とも言えない背徳の喜び、あるいは耽溺する喜びがある。おそらく人間の持っている根源的な背徳感みたいなものを刺激するのです。

『歎異抄』の非常に難しい問題の一つがそこにあります。

こうした造悪説には親鸞もずっと悩まされ続けていて、関東を去って京都で関東の門徒たちからもしばしば相談を受けています。悪を好んで行うほど阿弥陀如来から大事にかわいがられる、という造悪説が横行する一方で、やはり善行を積めば積むほどいいはずだという反対の説も出てくる。いわばカミソリの刃渡りのような非常に際どいところが『歎異抄』にはあります。

それを蓮如は自らの戒めの言葉として、危うい書であるとことわっておいたのだろうと思うのです。

聖道門の慈悲と浄土門の慈悲

話を清沢に戻すと、自分の名前で他人の手によって発表された論文が非難や攻撃にさらされても、なぜ清沢は弁解しなかったのか。あるいは直そうともしなかったのか。その人間に対する信頼感ゆえか、それとも自分の評判などどうでもいいと思っていたのでしょうか。これは、簡単に割り切れる問題ではないと思います。

清沢という人の写真を見ると、まことに沈鬱な表情をしています。当時の悩める青年たちの思いを一身に集めているかのごとき、苦悶をにじませたような暗い顔です。安田理深《りじん》という真宗学者の説によると、それでいながら単に理屈っぽい宗教哲学者というのではない、何と言いますか、非常にのびのびとした、おおらかさを感じさせると言うのです。その感覚をあえて言葉にするなら「慈悲」という感覚かもしれませんが、そういう何かが横溢しています。

では慈悲とは何か、というとまた脇道にそれますが、『歎異抄』の中にどうしても私たちがつまずく文章があります。それは第四章に出てくる、慈悲には聖道門《しょうどうもん》の慈悲と浄土門《じょうどもん》の慈悲の二つがあるというくだりです。

「慈悲に聖道・浄土のかわりめあり。聖道の慈悲というは、ものをあわれみ、かなしみ、はぐくむなり。しかれども、おもうがごとくたすけとぐること、きわめてありがたし。浄土の慈悲というは、念仏して、いそぎ仏になりて、大慈大悲心をもって、おもうがごとく衆生を利益するをいうべきなり。今生に、いかに、いとおし不便とおもうとも、存知のごとくたすけがたければ、この慈悲始終なし。しかれば、念仏もうすのみぞ、すえとおりたる大慈悲心にてそうろうべきと云々」

特に記憶に残るのは冒頭の一節ですね。聖道門は修行を重ねて仏になるという考え方で、これは普通の人々にとってはたいへん難しい。一方の浄土門は、阿弥陀如来の他力にお任せして、それによって救われるという考え方です。親鸞は、仏教の世界にはこの聖道門の慈悲と浄土門の慈悲、二つの違った慈悲があると言います。

聖道の慈悲というのは憐み、悲しみ、育み育てるものである。これが世間で言う慈悲という感覚です。憐れみ、悲しみ、そしてそれを育てる。

これに対して浄土門の慈悲は、「念仏して急ぎ仏になりて、大慈悲心をもって思うがごとく衆生を利益するをいうべきなり」。つまり、浄土門の慈悲とは人々を直接大事にしたり、憐れんだり、悲しんだり、育てたり、愛したりするということではない。念仏を信じて自分が悟ることで、より大きな立場から人びとを救うのだというのです。

「今生にいかにいとおし不便と思うともこの慈悲始終なし」とは、今の現実の世のなかでどんなに、かわいそうだ、何とかしてあげたいと考えても、そうした慈悲という感覚では十分には果たせないものである。「しかれば念仏申すのみぞ、すゑとほりたる大慈悲心にて候ふべきと云々」。

すなわち、かわいそうだから何かしてあげなくては、という普通の慈悲はなかなかまっとうすることができない。だからこそ早く念仏申して悟りを開き、成仏して仏の大慈悲心という完全な慈悲でもって人々を救済するべきである、というのです。私はこれがどうもよく分からなくて、いつも引っ掛かるのです。

聖道門、すなわち世間一般で言われる「慈悲に始終なし」、それは確かに分かります。たとえば東北で大震災があり、最近では九州熊本を中心とする大地震がありましたね。ボランティアとして現場に駆け付け、被災者たちのために一生懸命働くとしても「その慈悲始終なし」。

つまり、その人たちのお世話を生涯にわたってできるわけでもないし、被災した人たちの苦しみや悲しみを百パーセント軽くすることができるということはない。だから一緒に念仏をして悟りを開いた上で、あらゆる人たちを全部根底から救うことを心がけたい、という意味に読めてしまいます。

聖道門のいう慈悲は完全なものではない、けれども不完全なものであってもそれはやったほうがいいんじゃないか、と私たちは考えます。

ボランティアで駆け付ける人、義援金を送る人も、きっとそういう気持ちだろうと思います。しかし、親鸞が言っているのは、それでもって彼らを十全に救うことなど絶対不可能である、ただ一端を果たしたことで自分たちが何かいいことをしたと思う危険性を語っているのではないでしょうか。

しかし、それを言い出すと、善いことなどできなくなってしまいます。人は善いことをすれば、大なり小なり必ず満足する気持ちがある。それは人間の性であって、何も感じないでいられるのは、普通の人間にはなかなかできないことです。

では、ただひたすら念仏申すのみでいいのか。この辺に、先ほど言った真宗の誤解されやすい部分があるようです。

世の中がどんな危険な方向に進んでいようが、これほどの地震国で原子力発電所が危険にさらされていようが、ただ念仏申すのみ、でいいのだろうか。戦前の全体主義、反動的な思想、極端なナショナリズム、そうしたアブない思想に対しても、「始終なし」という傍観主義に陥らないだろうか……。

現世に対する改革運動に身を投じた宮沢賢治の真宗に対する不満も、あるいはその辺にあったのかもしれません。

私は中島岳志さんと違う意味で、一君万民という戦時の思想と、弥陀一仏という真宗の思想がどこか重なり合う部分があるのではないか、ふとそう思うことがあります。

『野ざらし紀行』に通じる感覚

ここで思い出すのは、松尾芭蕉《ばしょう》の『野ざらし紀行』に出てくる話です。

旅の途中、芭蕉は富士川のほとりで三歳ばかりの赤ん坊が捨てられて泣いているのに出くわします。秋風のなか、飢えているのか、母が恋しいのか泣いている。通りがかった芭蕉はどうするか。

捨てられた子を見て、自分ならどうするか。現代であれば、手ずから拾い上げて福祉事務所のような所へ運んでいくとか、そういうことを考えるでしょう。しかし芭蕉は、袂から食べ物を取り出し、その子に投げ与えて立ち去っていきます。そして、

「いかにぞや、汝、ちゝに憎まれたるか、母にうとまれたるか。ちゝハ汝を悪《にく》むにあらじ、

母は汝をうとむにあらじ。唯これ天にして、汝が性のつたなきをなけ」

そう記すのです。普通に考えると、何とも言えない気持ちになります。その子を救いたいと思ったところで、それから生涯にわたって面倒を見ることなど自分にはできない。立ち去る時は、誰でも何とも言えない心の痛みを感じるはずです。これでよかったのか、その夜は眠れない思いになるかもしれない。

しかし、『野ざらし紀行』の描写は、じつに割り切れたものです。しかも芭蕉はそこで一句読むのです。

「猿を聞人《きくひと》捨子に秋の風いかに」

つまり、猿の哭き声に哀れを感じるなら、秋風に響く赤子の声をどう思うだろうか、という問いです。しかし、「唯これ天にして、汝が性のつたなきをなけ」と結ばれる。このように世の中の普通の慈悲は始終なし、という感覚がある。

この辺の感覚は、私にもよく分かりません。もし自分がその場にいたとしたら、どうするか。当時の旅というのは、行く先で何が待ちうけているかも分からないし、そのための予算も用意されているわけではない、そういう旅です。さらには自分も年を重ねて老いている。そこで捨て子を拾ってどうすることもできはしないでしょう。

当時は子どもを捨てるとか、捨て子の姿を見るというのはざらだったのではないかと思います。汝の性のつたなきをなけ、そう言い残して一句読むのと共通する感覚が、代わりに念仏を唱えるという感覚なのではないでしょうか。

先にお話ししたように日蓮宗、法華経の心酔者たちは現実社会を改造するための具体的なプランを持っていました。

たとえば北一輝は天皇を利用、と言ったら語弊がありますが、天皇を先に掲げて、社会をこのように改造していけばいいというプランを持っていた。石原莞爾にしても資源のない日本が五族協和の満州国をつくり、王道楽土を現実化し、そして共存共栄して八紘一宇の世界を実現しようという、彼らなりの設計図を持っていました。

では真宗にそれがあるかと言うと、はっきり言ってありません。なぜなのか。

自己を見つめよ。己の悪を見つめよ。ただ念仏をすべし。これに対して宮沢賢治はやはり満足できないものがあって、具体的に農村の生活を改革していこうという思いが法華経へとつながっていったのだと思います。

かの有名な「雨ニモマケズ」という詩は賢治の死後、メモ帳のなかから発見されたもので、生前どこかで発表されたものではありません。教科書では、

「雨ニモマケズ　風ニモマケズ……」から始まって、「ホメラレモセズ　クニモサレズ　サウイフモノニ　ワタシハナリタイ」

で終わっていますが、実際にはその後に、

「南無無辺行菩薩、南無上行菩薩、南無多宝如来、南無妙法蓮華経、南無釈迦牟尼仏、南無浄行菩薩、南無安立行菩薩」

という日蓮宗の題目が続きます。その部分がカットされたのは、教育において宗教色を出すのがタブーだからでしょうが、本来は具体的な行動へとつながる宗教的な詩と思わざるを得ないところがあります。

親鸞思想の危うさについて

さて、そろそろ話をまとめましょう。

明治の頃、この国は青春の真っ只中にありました。国民と国家が一体となり、「坂の上の雲」を目指して、希望へ向けて営々と進んでいった良き時代というイメージがある。事実その通りでしたが、その一方で、谷底の霧は濃く深かった。深い谷底で一筋の光を放つ存在が、清沢満之の「己を見つめる」という感覚だったのではないでしょうか。

ただ、その思想には誤解を招きやすいところもたくさんありました。

傍観主義と言っては語弊があるかもしれませんが、自然に任せよ、今の状態に安住するのはよくないが、むやみと逆らったり反逆したりするのではなくて、今の状態を受け入れるなかで己の改造を図れれば、自ずからこの世の中も変わっていくであろう。そういう考え方があった。

ある意味では、社会改革に対して無関心ではないが、具体的な改革行動とは別のところで自己への内省を深めていく。そして一個の人格を宗教的人格にすることで、自ずと世の中も変わっていくとする考え方です。「自ずから」という考え方、自然法爾や他力という考え方もそうですが、他力とは自分自身のはからいを捨てる働きのことです。

自分がそれをすればやれるというものではない。たとえば世界平和は、自分の国が先頭に立って平和を叫べば実現されるものではない。それは今ある状態を受け入れつつ、己が変わっていくことでいずれ平和が実現する。そういう論理につながってくるものです。

国家権力、あるいは戦争というものに面と向かって反対することもしない。ただ念仏のみぞ、という姿勢が実は戦前の流れに大きな影響を及ぼしていたのではないか。そのような意味で、親鸞思想そのものの中に、全体主義とどこか通底するものがあるような気がします。今言った「自ずから」という考え方が、大御稜威《おおみいつ》や大御心《おおみこころ》とつながるという説もある。

本居宣長は浄土宗の家に生まれ、国学の人でありながら親鸞に対しては深い敬意を抱いていました。宣長の大和心というものとつながる面がどこかにあるという指摘も肯かれるところがあります。

これまでその辺はほとんど問題にされたことはありませんが、清沢門下の俊英たち、御同朋の中から、戦時中は銃を担いで軍国主義に参加すべしという思想、非常に積極的で協力的だった人々が多く出たことも、注目すべき問題ではないかと思います。暁烏敏にしても曾我量深にしても、あるいはその他の人々にしても、戦前戦中の言動には納得しがたいものがありますが、彼らを薫陶した清沢に再び注目が集まっていることは、非常に面白い現象だと思います。

今回お話ししたように、親鸞思想の危うさは『歎異抄』に非常によく表れています。そして、その危うさゆえに『歎異抄』は高く評価される。しかし、私たちがそれを読むときにどう読んでいけばいいのか、先にふれたように、まるでカミソリ上の刃渡りのようだと言う人もいましたが、確かにその通りだろうと私も思います。

これまでの親鸞教学においては、『歎異抄』についてはどの本を読んでも、はっきり申し上げて、同じことしか書いてありません。そこで『歎異抄』の読み直しと言いますか、そうではない時代の一面からの親鸞思想の読み返しが必要だと思うのです。

今後、親鸞思想はこれまでとは違った面から侃々《かんかん》諤々《がくがく》の議論の対象になっていくのではないでしょうか。そして近年、戦前回帰のような雰囲気が濃厚になってきていると言われる中で、親鸞思想と『歎異抄』がどのように社会に受けとられていくのか、注目して見ていきたいと考えています。

第五章　親鸞の「情」と「理」

羽仁五郎さんとの対話

世界は矛盾だらけだ。私は十代の頃からずっとそう思ってきました。いまもその考えは変りません。人類は古代から現在まで戦争を続けてきたし、これからもそうでしょう。そんな世界に生きていくためには、励ましが必要です。がんばれ、と背中を押してくれる力強い激励の声がほしい。仏教でいうマイトリー（慈）とは、そういうたのもしい励ましの声だといっていいでしょう。

　しかし、どんなにがんばっても、どうしようもない時というものは、あります。まちがいなく、ある。そんなとき、希望を語る言葉も、たのもしい激励も、むなしく通り過ぎてゆくだけです。

そういう局面で萎えた心を暖めてくれるのが、慰めです。がんばらなくてもいいんだよ、という慰めの視線。そこには言葉にならなくても、伝わってくるものがあります。カルナー（悲）というのは、そういう作用なのではないでしょうか。

マイトリーとカルナー。この二つを重ねて、「慈悲」という表現が生まれました。「慈・アンド・悲」です。「希望」と、「友情」といってもいいし、ヒューマニズムと訳しても間違いではないでしょう。

「智にはたらけば角が立つ。情に棹させば流される」などといいます。「情理かねそなえた」という表現もあります。近代は「理」に軸足をおく時代でした。科学的精神、思想、理論を重んじる世界です。「情」に流されるのは恥ずかしいことだ、と考えられてきたのです。

私は新人作家としてデビューしてまもない頃、当時、論壇の雄として活躍していた羽仁五郎氏と対談をしたことがありました。阿部知二の小説『冬の宿』や、羽仁五郎の『ミケルアンヂェロ』は戦後の大学生の必読の書といわれていたものです。羽仁さんの『都市の論理』が、急進的学生運動のバイブルとされた時代もありました。

その対談の場で、私と羽仁五郎さんが決定的に対立したのは、浪曲、流行歌、歌謡曲などに対する立場のちがいでした。

「美空ひばりはね、あれは日本の恥だよ、きみ」と、羽仁さんは私に言ったのです。日本人が美空ひばりの唄を口ずさんでいるあいだは、この国の民主化はおぼつかない、というのが羽仁さんの主張でした。

私は必ずしも美空ひばりの全面的な支持者ではありません。しかし、「美空ひばり的なもの」に対する羽仁さんの持論には全面的に反対でした。いま当時の対談『箱舟の去ったあと』（講談社刊）を読み返してみても、その立場は変りません。

「情」と「理」

ブッダ、すなわち仏教の始祖とされる人は、徹底的に理詰めに語る人物でした。そもそもインドという国の気風が、そうなのかもしれない。ビートルズが仰天したほどの音楽理論の精緻さもそうです。数学もそうです。「情」より「理」が土台になっている文化圏です。

親鸞も日本人ばなれした「理」詰めの人でした。言葉のあやとか、そういうものでごまかすことがない。

晩年の和讃の作のなかに、こういう詞があります。

「釈迦如来かくれましまして　二千余年になりたまふ　如来の遺弟　悲泣せよ」

「悲泣する」ではありません。「悲泣せよ」です。悲泣すべきである、と言い切るのです。かつて思想家の杉浦明平が、「教条的で情感がない」と批判したのも、そういうところでしょう。

しかし、これについては私は杉浦氏の意見にかならずしも同意しません。そもそも和讃とは、多くの人々によってうたわれるものです。老若男女、老いも若きも一緒に声をあわせて高唱する。そのために書かれた詞が、和讃の文句です。その詞に曲がつき、肉声でうたわれる場で和讃となる。教条的と思われるフレーズが、そこではじめて生命を得て歌となるのです。

親鸞は徹頭徹尾「理の人」だったのか。そうではないと私は思います。

彼は晩年、数多くの和讃を作詞しました。ここで「詞」という言葉をあえて用いたのは、それが目で読まれる詩ではなく、曲に乗せて肉声でうたわれることを想定して作られたものだからです。

前にも述べたように「詩」は言葉だけで自立するもの。「詞」は曲をつけてうたわれることを前提として作られるものです。親鸞は「詩人」として和讃を書いたのではなく、「作詞者」として和讃を作った。その一見、教条的な言葉が、曲にのせてうたわれるときに、水を得た魚のようによみがえることを信じてです。

そのことは彼が、七五調四句という定型を選んで言葉をつづったことで明らかです。それはかつて一世を風靡した巷の流行歌、今様のスタイルでした。

「今様」の大流行

今様とは、当世ふうの流行歌のことです。一般には平安中期から鎌倉前期にかけて大流行した巷の歌謡をいいます。さしずめニュー・ミュージックといったところでしょうか。神楽歌とか催馬楽といった従来の歌謡に対して、時代をくっきりと反映しているのが、今様の特色です。

宗教的な法文歌なども多いのですが、今様の魅力はその当時の世相・人情などをうたいあげた大衆的なレパートリーにあるといっていい。

「遊びをせんとて生まれけん　戯れせんとや生まれけん　遊ぶ子供の声きけば　わが身さえ

こそゆるがるれ」

などというのは、今様のなかでも格調のあるナンバーでしょう。

「仏は常にいませども　うつつならぬぞあわれなる　人の音せぬあかつきに　ほのかに夢にみえたもう」

などというのは品のいいほうで、エロティックな歌詞もあれば、ラップ調のものもあった。

そもそも今様がどこから発生したかは諸説ありますが、当時の社会の最深部からボウフラのように湧き出てきたというのが事実でしょう。遊女、傀儡《くぐつ》、白拍子、巫女など、いまでいうなら風俗の世界、都市の周縁部から発生したというのが実態です。庶民大衆のあいだに熱狂的に蔓延し、やがて宮廷貴族社会にまで感染、流行していきます。

その流行ぶりはただ事ではなかった。

「町を往く男も女も　みな今様を口ずさみつつ歩かぬ者なし」

などと語られたくらいの熱狂ぶりでした。

当時の権力者、後白河法皇は今様狂いと自称したほどで、人気歌手を邸に招いて指導を乞い、夜を徹して歌い明かして喉がガラガラになったという話です。その後白河法皇は今様を偏愛するあまり、当時のヒット曲を収集、選曲しアンソロジーを編むことになります。『梁塵秘抄』と知られる選集がそれです。

ともあれ、さながら熱病のように一世を風靡した今様ですが、七五調四句からなるのが一般的でした。

親鸞はみずから作詞したゴスペルソングの形式に、その今様の七五調四句のスタイルをとり入れたのです。それは戦略としてではなく、共感するものがあったからだと思います。

和讃に秘められた情

親鸞は若い頃、いや、幼い頃にたぶん今様の大流行に触れたと思います。

子供時代に聴いた歌は、一生ずっとその人の骨身にしみて残るものです。私自身、いまだに戦時中の軍歌、国民歌謡、昭和前期の流行歌などの影響から抜けだすことができません。

晩年の親鸞が多くの和讃を書きつつ、心の中で口ずさんでいたのは、幼い頃に一世を風靡した今様のメロディーであったのではないかと私は想像するのです。今様は大衆の情をうたう歌です。理詰めの歌詞は、その今様のスタイルで書かれたことで情理かねそなえたメッセージとなるのではないか。

「理」の人としての親鸞の、もう一つの側面がそこににじみでてくる感じがするといえば偏見でしょうか。私は帰京後の親鸞が、『教行信証』を黙々と推敲しつつある姿と、八十歳を過ぎて独り和讃を口ずさむ姿がダブって見えてくるのです。もうひとりの親鸞の姿が幻のように浮かびあがってくるのでした。

『口伝鈔』という書物があります。生前、親鸞が孫の如信に対していろいろと語る。その親鸞の言葉を如信が回想し、曾孫の覚如がそれを文章に記録するというかたちの資料です。

ここには『歎異抄』と重なるエピソードもありますし、そこにない親鸞の言動もうかがえます。語り手も、書き手も、ともに本願寺を引きつぐ一族ですから、当然のこととして身びいきもあるでしょう。また後継者としてのバイアスもかかっているはずです。宗祖親鸞を美化する傾向は言うまでもありません。

そういうこともあってか、弟子唯円の筆になる『歎異抄』にくらべると、一般に広く読まれていないのも当然かもしれません。

しかし、その『口伝鈔』のなかに、私がひどく心惹かれるエピソードがありました。第十八章のなかに出てくる弔いの話です。

身内の人の死に際して、悲嘆にくれている人びとにどう対応すべきか、という教えです。

まず、「生死界の住み果つべからざる理《ことわり》を述べて」弥陀の浄土について説けば納得もいくであろう、という。「理」で説得しなさい、と。

しかし、頭で理解しても悲しみは消えないだろう。だから、その身内の人びとの悲しみを否定するのではなく、その悲しみに寄りそうように、と親鸞は教えたというのです。

その後の親鸞の言葉を、私は忘れることができません。もうひとりの親鸞がそこにいる、と感じられたからでした。

「悲」の親鸞

『口伝鈔』の第十七章に記録された親鸞の言葉は、こうです。

弔いのとき、いかに仏法の理をといたとしても、また、浄土往生の信心が深かったとしても、残された者が亡くなった人をかこんでなげき悲しみ泣き騒ぐのは自然のことである。そういう際に悲しむ人びとを、いさめたり叱ったりしてはいけない。

「歎き悲しまんをも諫むべからず」

なぜならば、人の苦しみのなかでも「愛別離苦」の悲しみほど切なるものはないからだ、というのです。

そしてこの章は次のような意外な言葉で結ばれます。

「酒はこれ忘憂《ぼうゆう》の名あり、これを勧《すす》めて笑うほどに慰めて去るべし、さてこそ弔いたるにてあれと仰せありき。知るべし」

要するに亡くなった人がいかに信心決定《しんじんけつじょう》した人であったとしても、別離の悲しみは当然である。そういう時に、浄土往生の有難さを説いて泣いている人びとを諌めたりしてはいけない。

そこで酒がでてくるのが驚きです。もし悲嘆にくれている未亡人がいるならば、酒の一献でもすすめて故人の思い出話などしんみり聞くがよい。多少とも心が落着けば泣き笑いのうちに少しは悲しみもやわらぐであろう。あの人には、こういうドジな失敗もございました、などという話も出たところで失礼するがよい、というのです。

「酒はこれ忘憂の名あり、これを勧めて笑うほどに慰めて去るべし」

親鸞の生涯の師、法然は、人びととの問答のなかで「酒を飲むのはどうか」ときかれて、

「世のならいにてあれば」

と答えたことは有名です。苦笑しつつ応じる法然の顔が目に浮かびます。法然にはつよさ

と同時に優しさが感じられる。温顔、というイメージです。

しかし、世に流布している親鸞の印象は、どこか厳しさが漂っている、などと言えば叱られそうですが、残された肖像画などを見ても思わず襟を正すような気配があります。私は笑顔とまではいかなくても、せめてほほえむ親鸞の姿を見たいとひそかに願ってきました。そして、第一章でも書いたように、私はかつて一度だけ、南九州の隠れ念仏の里でそれに近い親鸞の肖像画を目にしたのです。

親鸞聖人の肖像画は、「熊皮の御影」などいくつかが現存しますが、いずれもどことなく厳しいというか、つよい意志と信念を感じさせる表情です。厳父の印象といっていい。

〽血吹き涙の三百年
と、歌にまでうたわれた南九州の念仏禁制の取締りのなかを孤立して耐え抜いた隠れ念仏の人びとには、たぶん慈父の暖かさが必要だったのでは、と勝手に考えました。私はもうひとりの親鸞をそこに見たように感じたのです。

「慈悲」の「慈」は理をきわめた「励まし」ですね。しかし「悲」は泣くことではなく、「ほおえみ」を宿した「慰め」ではないのか。

「酒はこれ忘憂の名あり、これを勧めて笑うほどに慰めて去るべし」

この親鸞の言葉がよみがえってきます。もうひとりの親鸞とは、「慈の親鸞」の陰の部分にある「悲の親鸞」の姿です。

親鸞の孤独

『歎異抄』のなかには、

「親鸞は弟子一人も持たず候」

という有名な言葉がでてきます。これは毅然とした宣言でもあり、念仏者の心得の発言でもあります。しかし、実際には親鸞には弟子とされる人々が存在しました。関東の念仏者たちが親鸞を師とあおぎ、さまざまに教えを乞うたことは周知の通りです。

私はこの「弟子一人も持たず候」という言葉を読んだとき、そこに親鸞の深い孤独感、寂寥感のようなものを感じて、ため息をつきました。親鸞を師とあおぎ、遠方から難路をこえてその教えを乞うためにやってくる念仏者も少なくない。

しかし、どれほど親鸞が言葉をつくしても、その真意を底まで理解する弟子は少ない。いや、いないのではないか。それは当然です。親鸞は信仰において、学識において、その思索の深さにおいて、屹立した存在でした。

その意味で親鸞は孤独だった。「弟子一人も持たず候」というのは宣言ではなく、親鸞のため息だと私は感じるのです。

「情理かねそなえた」人物が理想像とされるわが国では、もっぱら「情」が先で「理」が後に続きます。インドが「理」の国だとすると、日本列島はきわめて湿潤です。「人情」という言葉はあっても「人理」という表現はありません。

そんな風土のなかで、親鸞の「理」はずばぬけて強靱です。他力の論理から逸脱した息子に対しての義絶ぶりにも、それがよく現れています。そこをカバーするようなエピソードが伝承されているのは、人びとの心情の反映でしょう。

親鸞という人は、おそろしく孤独だったと思うのです。父母に対する思いも、妻・恵信尼や子供たちに対する思いもそうです。親鸞にとっては「理」の導き手であった師、法然が父であり母であったのではないでしょうか。

「親鸞は、父母の孝養のためとて、一返にても念仏まうしたることいまだ候はず」

「そのゆえは」と、その理由が述べられますが、私が思うに親鸞はたぶん、ひどく孤独な幼年時代を送ったにちがいありません。前に述べた「親鸞は弟子一人も持たず候」という呟きと同様、そこには深い人間的な寂寥感がこもっていて、つよく心を打たれるのです。

たぶん、こういう話をすると、「理」に対して「情」の親鸞像を勝手に思い描くように誤解されかねません。そうではないのです。私は「情理かねそなえた親鸞」を夢想しているのではなく、「理」からにじみでる親鸞の人間味に深い共感をおぼえずにはいられないのです。仮りにそれを「もうひとりの親鸞」と言ってしまえば納得がいくのかもしれません。

とかく神秘化されがちなこの国の宗教環境のなかで、徹底的に乾いた「理」の言葉を構築した親鸞を、光と影の両面から見つめたい。

そうあってこそ「人は一人でいても孤独ではない。もう一人、親鸞という人物が常にそばにいてくれるからだ」という言葉に共感できるのではないでしょうか。「隠れ念仏」の人びととの孤独な日々を支えたのは、「もうひとりの親鸞」のかすかなほほえみだったのだろうと想像するのです。

先般コロナウイルスとの戦いのなかで、あらためて『歎異抄』が読まれているのは、理由のないことではありません。異端と批判されることを承知で、「もうひとりの親鸞」を見つめてみたいと思うのです。

アジールとしての寺内町

新型コロナの猖獗《しょうけつ》とともに、多くの大寺、名刹が門戸を閉ざしました。有名な観光寺や文化財として名高い寺なども同じです。しかし、本来、寺とはそういう場面で寺内を開放すべきではないだろうかと、ふと思ったものです。

かつて、寺とはそういうものでした。古くは京都の六角堂などもそうです。六角堂は聖徳太子にゆかりある古寺ですが、ある時期にはホームレスや病者や行者などがゴロゴロしている町場の寺だったのです。親鸞も参籠して、太子の夢告を受けたという話は有名でしょう。

先日、『江戸のジャーナリスト　葛飾北斎』（千野境子著／国土社刊）を読んでいたら、北斎は九十歳で浅草の長屋で亡くなっていることが書かれていました。それは聖天町遍照院境内にある長屋だという。寺の境内に長屋があるのは、いまの感覚からすると妙な気がしますが、かつてはごく普通のことだったらしい。

寺のなかに医療所があったり、民家があったりする。寺の境内で相撲の興行があり、芝居があり、マーケットが店を出したりもする。

奈良の高齢の住職から聞いた話では、かつて有名寺の行事のときなど店がずらりと出て、参道の両脇には物乞いの人びとが列をなしてつらなっていたそうです。難病を抱えた病者や、障害をもった人びととの列が山門から本堂まで続いていたという。参詣者はそこで喜捨することで、後生の安心を乞うていたのです。

いまでも寺内に保育園や老人ホームを置いている寺は少なくありません。ある寺を訪ねたとき、門徒の古老から、「子供の頃は寺が遊び場でした。夜でも本堂は開けっぱなし。仏さんの前で鬼ごっこしたものです」と、聞いたことがあります。

中世、戦国時代には、この列島各所に「寺内町」というものが発生しました。寺内町というのは、文字通り寺と町とが一体となった宗教的生活圏です。「ジナイチョウ」と呼ぶのは学者ふうで、庶民は「ジナイマチ」と呼ぶ。「キタマエセン」「キタマエブネ」と呼ぶのと一緒です。

この「寺内町」こそ、わが国の歴史のなかで、もっとも注目すべきポイントだろうと私は思っています。

吉崎御坊は「宗教的ディズニーランド」

寺内町のオリジナルは、北陸、越前の「吉崎御坊《よしざきごぼう》」にあるというのが定説です。いまの福井県。これはおどろくべき宗教的ディズニーランドでした。

十五世紀の半ばごろ、比叡山とのトラブルで京都の本願寺を破却され、近江に逃れた蓮如は、さらに越前に移動します。そこの吉崎の高台に坊舎を建てて、吉崎御坊と称しました。

これがとんでもない寺でした。蓮如の布教が北陸一帯に広がり、吉崎御坊は一大宗教都市として幻のように繁栄したのです。

吉崎は海を見晴らす風光明媚な高台で、ここに華麗な本堂を建てると参詣者が殺到した。各地から団体旅行さながらにツアーを組んで人々が集ってきたらしい。当時の北陸にはめずらしい華麗な宗教都市が出現したのです。

寺の周囲には、さまざまな施設もあった。参道には多屋がずらりと建ち並んで、参詣客に呼びかける。多屋というのは、いまでいうなら旅行者向けのビジネスホテルのようなものでしょう。

蓮如は、一般大衆に人気のあった坊さんでしたが、芸能にも深い関心を抱いていたらしい。説法を行うときには、話の途中で若い能役者などに芸を披露させて、客が気分が変ったところで再び説法にうつる、といった方法を駆使したと言われています。

本堂のほかに食べものの店もある、土産物を売る場所もある。物々交換のバザールもある。物乞いや、行商人もいる、といった感じで、各地から押しかける人の波でごった返していたという。この国では宗教的巡礼と、物見遊山とが一体となって団体旅行が盛んだったのです。雪深い北陸の地に出現した吉崎御坊は、さながら宗教的パラダイスの趣きを呈していたのではないでしょうか。

しかし、この吉崎の繁栄は長く続きませんでした。蓮如が吉崎を去って、吉崎御坊は一向一揆の拠点となり、やがて朝倉氏に破却され幻の宗教都市は消滅しました。

しかし、この寺を中心として構築される宗教都市の構造は、その後、全国各地に簇生《そうせい》します。蓮如が建てた山科御坊、大阪の石山御坊などのシステムは当時、「寺内町」と呼ばれるようになりました。

まず寺がある。その本堂を中心に坊舎や関係者の住居がある。巨大な寺には、大工、画工、その他の工人も必要です。ガードマンもいる。そして遠方からの参拝者のための多屋。空き地にはバザールが立つ。遠国から物資や特産品などをかついできた人びとが、売ったり、物々交換したりするマーケットです。当然、エンターテインメントの芸人たちも住みつく。要するに寺を中心に、一つの町が成立するのです。町に寺があるのではない。寺の中に町があるわけです。

共和国としての石山本願寺

山科の本願寺は大名の邸をしのぐといわれた豪華な寺でした。
このような巨大な寺の建造は、一種のニューディール政策の意味もあると私は考えています。

当時は貴重だった瓦も膨大な数が必要となります。神社は瓦は用いない。だから大和地方では、今も瓦葺といえば寺の代名詞として使われます。それを焼く工人もいる。屋根を葺く職人も必要です。大工も、絵師も、彫刻家も、庭園をつくる造園者もいる。庭につかう草木や岩石などを扱う人びとを、「山水河原者《せんずいかわらもの》」といいます。その河原者の中から善阿弥《ぜんあみ》など有名な造園家が生まれてくる。賄いの職人も必要です。その他無数の人員の需要がそこに発生する。

経済活動の刺戟策としては、大寺院の造営は凄いオペレーションだった。金も動く。人も動く。物も動く。

そこに一つの都市が生まれる。寺を中心とした民衆の基地です。当然のことながら自衛のための兵力も必要となる。横行する盗賊団から町を守るために町全体を囲む巨大な防塁が築かれ、水濠が掘られます。

町が亡びるときは寺も亡びるぞ、寺が亡びるときは町も共に亡ぶぞ、というのが寺内町の思想です。だからそこへは公権力といえども容易には介入できない。それは小さな一つの国家のようなものだからです。

こうした寺内町の頂点が、大阪の石山本願寺でした。大阪と呼ばれるようになったのは、のちのことで、最初は小坂《おさか》などと呼ばれていたらしい。逢坂という字が使われたこともあったといいます。

十五世紀の半ばごろ、水運と交通の要所、上町台地に目をつけたのは本願寺八世の蓮如です。船から石山の荒れた台地を見あげた蓮如は、これぞ天与の地と見抜きました。さすが蓮如、ディベロッパーそこのけの慧眼です。石ころだらけの荒地を開発して巨大な寺をたてた。

石山本願寺とも石山御坊ともいいます。

のちに浄土真宗の本山となるこの寺は、巨大な寺内町として発展しました。寺内町のなかに工場があり、市場があった。北陸富山の門徒たちの手によって製薬所が生まれ、また福井地方からは繊維産業が移転してくる。全国各地から集散してくる門徒や商人、工人などが蝟集し、薬種問屋、繊維産業なども集ってくる。商都大阪の萌芽は石山の寺内町にあったといっていいでしょう。しかも堅固な要塞として自衛力もそなえていたのです。

当時の石山本願寺の強大な勢力は、日本を訪れた外国人宣教師も「日本の富の大部分は此の坊主の所有である」と報告しているほどでした。天下統一をめざす織田信長が、比叡山どころではない、この新興宗教王国を見逃すわけはありません。これを攻めますが、なかなか歯が立たない。十年も続いた攻防戦の末に、朝廷の仲介で講和、本願寺側は寺内町を明けわたして退去しました。

これだけ長くがんばれたのは、全国の門徒の支援があったからです。全国各地の寺内町は地下茎のようにつながり、情報も物資も人員もすばやく連係しあって協力しあう。ことに安芸門徒と称される西国勢の水軍によるサポートが大きかったようです。

織田信長が怖れたのは一国一城の主ではなく、庶民がつくりあげた信仰のユニオンでした。

だからこそ真宗門徒への弾圧は、徹底的なジェノサイドとして遂行されたのです。念仏の徒に対する弾圧は酸鼻をきわめました。

その後、豊臣秀吉が、この石山本願寺跡に城をきずいて、巨大な城下町が成立しました。秀吉の大坂城は夏の陣で徳川方の攻撃により焼失。十七世紀にはいって幕府は再建にかかるが、もとの姿をできるだけ消そうと苦心したといいます。

のちに大阪に東西二つの本願寺ができると、その両寺を結ぶ道路が「御堂筋」と呼ばれ、次第に昔の石山寺内町の商家や門徒が集まり、商都大阪のセンターとなっていきます。近江商人には本願寺の門徒が多く、店を構えるなら御堂の鐘の音のきこえる御堂筋に、という門徒商人の思いからその一帯がビジネスの中心ともなりました。『雨の御堂筋』は、隠れた寺内町でもあったのです。

かつて中世の寺内町は、ある意味で実力をそなえた治外法権の地でもありました。多くの人びとのアジールともなったし、列島における宗教的共和国でもあったのです。もし各地の寺内町が巧みに連合したなら、この国の中世は変っていたことでしょう。巨大な信仰の共和国が生まれたかもしれない。だが、そうはなりませんでした。

金沢の寺内町

大阪や京都ほどではないですが、観光地としての金沢が大人気です。

かつて昼間は眠ったような町だった「ひがし」の花街（地元では「廓」というが遊廓ではなく、芸者衆の出向する料亭や貸席の集まる一画である）も、最近では観光バスがとまるようになりました。コロナ以前は中国人など外国人観光客もゾロゾロ歩いていたものです。

金沢の観光案内パンフレットには、やたらと「加賀百万石の城下町」というフレーズが氾濫しています。金沢という町も加賀の殿様が築いた街のような感じです。

しかし金沢は、その出発点からして宗教都市でした。十六世紀にこの地に巨大な堂宇が建設されます。俗に「金沢御坊《ごぼう》」とか「金沢御堂《みどう》」とか呼ばれる一向宗（浄土真宗）の本堂です。その寺を中心に広い「寺内町」が成立しました。いま観光客に人気の近江町市場のあたりも、当時の寺内町の一画です。

一向一揆のときの本拠地となったのが、この「金沢御堂」でした。それは生活圏であり、信心の場であり、商業、産業の町でもあった。

そこを攻めたのが織田軍の佐久間盛政です。金沢御堂は攻略され、炎上し、その跡に最初の金沢城が築かれます。これが一五八〇年。その後、前田利家がやってきて加賀百万石の土台が築かれることになりました。

最近、金沢城の城内に「極楽橋」という古い橋が再建されて話題になっています。先日、私も渡ってみましたが、この極楽橋という橋が、かつての最初の金沢御堂の面影を伝える唯一の遺構であるらしい。その橋を渡ることで、最初の金沢の成り立ちを想像することができるのではないでしょうか。

以前は、枯木橋とか、その他の一向一揆の史跡に立っていた立札に、さまざまな一揆の説明が紹介されていました。いまはいつのまにか撤去されて、その当時の金沢を想像する手がかりもない。なにか一揆という歴史を消し去ろうと思っているかのようです。寺内町金沢、という本来のイメージを想起することは、大事なことなのではないかと思います。

大谷大学で話したかったこと

話は変わりますが、先日、ひさしぶりで京都へ日帰りでいってきました。大谷大学で短い講演をするためです。

新型コロナの蔓延のせいで、昨年、今年といろんな催しが軒並み中止になりました。講演だけでなく、シンポジウムや、授賞式その他の会での挨拶も同じです。なかでも、熊本市の山頭火をめぐる舞台公演での挨拶の中止は残念でした。日をあらためて再度、チャレンジするつもりですが、コロナの再燃がないように祈るばかりです。

そんななかで、大谷大学では講演を開催したわけです。もちろん十分な予防措置を講じての催しですが、スタッフも相当な神経を使われたことだと思います。

私はこれまで京都に二度も住みながら、なぜか大谷大学を訪れたことがなく、ずっとそのことが気にかかっていました。

大谷大学は東本願寺の学寮として創設されて二百数十年、清沢満之を初代学長としてスタートしてからも百二十年の歴史をもつ大学です。親鸞の精神を受けつぐことを建学の理念としているというからには一度は訪れてみたいと思っていました。

今回、コロナの嵐の中で話をすることとなったのも、なにかのご縁というものでしょう。

はじめて校門に足を踏み入れたときは、正直びっくりしました。赤レンガの古風な尋源館など歴史を感じさせる建物はあるものの、じつに整然とした近代的なキャンパスだったからです。

当日の講演は厳重すぎるほどの感染防止策を講じて、聴き手も客席に散在する感じでしたが、それでも時には控え目な笑い声もおきて、フレンドリーな雰囲気でした。

ただ、肝心の私のほうが、すっかり演壇から遠ざかっている日々が長かったため、話がまとまらず冷汗をかいてしまいました。思っていたことの三分の一も語れなかったような気がします。数日前から話したい事の内容をまとめ、新幹線の中でも、一応、話の順序を考え、こんなふうに話そう、あんなことも喋ろう、と事前に計画していたのに、実際に演壇に立ってみると、それがほとんど頭の中からすっ飛んでしまった。たぶん長いあいだ人前で話すことをしなかったせいでしょう。ふだんはもう少し実のある話ができたのに、とコロナを怨むことしきりです。

しかし、現実とはおおむねこういうものです。後で考えてみると、当日はずいぶん無駄なお喋りもし、順序不同の筋の通らない話をしたような気がします。

ともあれ、私は自分の中では、次のように話をすすめていきたいと考えていたのです。

家具職人か大学か

私は一九七〇年代に二度ほど休筆と称して仕事を中止したことがあります。休筆といっても本業の小説を書くのをやめたわけで、そのほかの雑業はそれなりにこなしていました。一応、京都に移り住んだわけですね。これはしばらく滞在するとかいうんじゃなくて、住民票も移し、税金も京都で払って、一市民として暮したのです。聖護院の円頓美町というところでした。すぐ近くに、ジャズの店として有名なＹＡＭＡＴＯＹＡがある一画です。

そこでしばらく龍谷大学の聴講生になって講義を受けたのですが、たぶんそれは「ヨコに出た」大学への心残りのようなものがあったからでしょう。当時、卒業することを「タテに出る」といい、中退を「ヨコに出た」と言ったものです。

小説を書く仲間のあいだでは、「あいつはタテに出たやつだからな」などとバカにして、中退でなければ作家じゃない、みたいな雰囲気があった時代でした。

私は六年あまり大学にいたのですが、結局、卒業できませんでした。「早稲田露文科中退」と、当初は書かれていたけれども、これは学歴詐称にあたるんじゃないかと思いますね（笑）。

もっとも、大学中退を長年詐称してきた話のわけを語る前に、説明しなければならないいきさつがあります。それはなぜ私が大学に進もうと考えたか、ということと、もう一つ、なぜ専攻にロシア文学を選んだのか、という背景です。

私は引き揚げ後、一年おくれて中学に復帰しました。もとは平壌一中という中学に通っていたのですが、一年生の夏に敗戦を迎えて学校がなくなった。昭和二十年八月、私は十二歳でした。

引き揚げてきて最初に籍をおいたのが、福岡県立八女高校併置《へいち》中学という学校です。もともとは八女中学といった歴史のある中学ですが、戦後の学制改革で新制高校となり、中学部は併置中学という妙な名前で呼ばれていました。柳川の伝習館、久留米の明善校ほど有名ではありませんが、筑後地方では知られた伝統のある高校です。

そこにしばらくワラジを脱いでいるうちに、住む場所が変ります。引き揚げ後、転々として暮らしていたのです。当時は学区制とかいって、住んでいる場所で学校が決まるシステムでした。

当時は八女郡といっていましたが、光友村にできた新制中学に転校。そこを卒業して、県立福島高校という、これも新制の高校へ進みます。福岡県立福島高校というのは面白いですね。出身校の名前をいうと、よく人からけげんな顔をされます。九州の福島高校ですから。八女郡福島町にある旧・福島高女といった女学校です。入学した当初は男性用のトイレが未完成だったりして大変でした。昔の女学校だけあって、美しい藤棚のある優雅な校舎でした。

そこを卒業する段になって、さて、今後どうするかと、かなり迷いました。家計は火の車ですし、弟も妹もいます。

父親は最初、大川の家具屋さんに職人見習いで住み込んだらどうか、とすすめていました。

「これからの時代は、学歴よりも手に職をつけたほうがいい」

と、いうのが父親の持論だったのです。

それもありだな、と思いました。大川の家具産業は全国的に有名です。職人になれば食うには困らないだろう。かなり迷ったのですが、できれば大学にいきたい、という気持ちもありました。大学でロシア文学を勉強したいと、ずっとひそかに思っていたのです。それには人に言えない理由がありました。

敗戦と母の死

第一章でも話しましたが、私が平壌《ピョンヤン》で敗戦を迎えたのが一九四五年の八月、私は中学一年生で十二歳のときでした。敗戦の直前まで私たちは何も知りませんでした。いま思えば、情報を自分の手で集めるという事に、全く無智だったと思います。

すでに数日前から平壌駅からは、いわゆる当時の上流国民が家族ぐるみで一斉に南下し、平壌を離れていたのです。また後から知ったことですが、平壌の飛行場からは、軍関係の家族たちが大量の荷物とともに、爆撃機などで早々に街から飛び去っていたという。

そんなことなど全く知らされないままに、私たち一般市民は呆然と八月の日々を過ごしていました。いま思えば阿呆としか思えません。

「治安は護持される。一般市民は軽挙妄動することなく現地にとどまれ」と、スピーカーから流れる指示に羊のように従って、ただ上からの指示を待っていたのでした。

なにしろ戦争に負けた経験のない国民です。まして植民地で敗戦になれば、宗主国の国民にどのような運命が待ち受けているかなど、想像すらできなかった。本当に馬鹿としか言いようがありません。

そのうち続々と市内に難民の群れが押しよせてきました。悲惨という言葉を通りこして、いっそ悪夢といっていいような難民の集団です。どうやら満州から北部の山岳地帯をこえて逃れてきた人々のようでした。死んだ赤ん坊を背中にくくりつけた女性。地べたを引きずられながら泣いている子供。髪を丸刈りにし、頬に鍋墨を塗りたくった娘たち。

平壌まで行くと、南下する列車が出ているというデマを信じて流れこんできたらしい。

「あれは満州からの引き揚げ者たちだぞ。かわいそうに」

などと言っているうちに、やがてソ連軍が進駐してきて、あっというまに私たちも同じ難民になってしまったのです。

最初にやってきたのは、最悪の戦闘部隊でした。俗に「囚人部隊」などと言っていましたが、囚人はもとより、捕虜、犯罪者、外国兵などもまじえた使い捨ての第一線部隊です。

それからの一カ月、ソ連軍の正規軍がやってきて交替するまでは、街は完全な無法地帯でした。

私たち一家も家を追い出されて、満州難民と共に、大同江河畔のセメント工場倉庫に暮らすこととなります。

そんな日々のなかで、母が死にました。薬一服、注射一本打つこともできずに見送りました。当時、延吉熱といわれて恐れられた、発疹チフスのパンデミックのなかでのことです。ペストは蚤が媒介しますが、発疹チフスは虱が犯人です。高熱がでて、体に発疹がでたら終わりです。

そんななかでも、夜、自動小銃を構えて「マダム・ダヴァイ」にやってくるソ連兵は後を絶ちませんでした。連れだされて朝、帰ってくる女性もいましたが、帰ってこない人もたまにいましたね。

そんなある日、私は思いがけない体験をしました。いま思い返すと嘘のような出来事ですが、事実です。そのことが、のちに私の高卒後の進路に大きな影響をあたえることになったのです。

ゴロツキ集団の歌声

敗戦後の九月下旬のことでした。その日、昔の軍の飛行場だった所で働いた帰り道の話です。夕方ぐらいだったんでしょうか。くたくたに疲れて、道端でひと休みしていたときのことでした。夕暮れどきだったたと思います。

当時、飛行場内にあったソ連軍の宿舎に帰っていく、兵隊たちの一団と出会ったんですね。それはとても軍隊とはいえないひどい集団でした。一応、隊列は作ってるんですが、てんでんばらばらで、敗残兵の一団としか思えない薄汚ない連中でした。

私たちがマンドリン銃と呼んでいた自動小銃を首からつるしたり、肩に引っかけたり、逆さにかついでいたりする。服装もボロボロです。靴が破れていたり、上衣を脱いでいたり、なにしろソ満国境を先頭部隊として戦ってきた部隊です。刺青をした兵隊もいるし、隊列もめちゃくちゃで、まさにゴロツキ集団そのものでした。

第一線の戦闘部隊として戦ってきた囚人部隊だったと後から聞きました。

「なんという連中だろう」

と、軽蔑と嫌悪の感情を抱いて私は彼らを見送っていたのです。

そのとき、集団の中からひときわ力強い声で、だれかがうたい出したのです。すると連中の何人かがそれに声を合わせて合唱しはじめた。その歌声を聞いたときに、最初はびっくりしました。つまり私たちが学校で教練のときにうたったり、日本軍兵士が行進しながら声を合わせてうたう歌と、まったくちがう種類の合唱だったからです。

私たち日本人も、戦時中はよく歌をうたいました。行進のときは軍歌に合わせて歩調をとる。兵隊たちは同じ歌詞を一節ずつ繰り返してうたったりもします。

しかしそれらはすべてユニゾンの歌声でした。同じメロディーを同じ音階でうたう。いわゆる斉唱ですね。低音、中音、高音などが同時に進行する合唱ではない。大声で声を合わせて力いっぱいうたうだけでした。

ところが目の前を通りすぎていくゴロツキ集団がうたう歌は、まったくちがう。立体的で、厚味があり、音が重層的にからみ合って、響き合い、交錯し、この世のものと思えない歌声だったのです。

それは腹の底からあふれだすような重層的な歌声でした。高音と低音が交錯し、もう一つの声がその波間をぬうように響き合う。それがコーラスというものだと、少年の私は、はじめて知ったのです。私はそれまで、あのときの歌声ほど心に深く共振した歌を聞いたことがありません。

それはあまりにも人間的で、あまりにも美しい歌声だった。文字どおり心と体が共に震撼したのです。息がとまるような感じでした。まさに愚連隊のようなソ連兵の集団が、黄昏の街をうたいながら通り過ぎていく。それまでバラバラだった歩調が自然に揃いだすのはリズムの魔術でしょうか。

十二歳の私は、ただ呆然とその歌声が通り過ぎていくのを見送って、ソ連兵たちの姿が小さくなっていくまで、その場に立ちつくしていました。それは魂が底から揺さぶられるような体験でした。

こうしていろいろ言葉を並べても、そのときの衝撃を、十分の一も伝えることはできないでしょう。その歌が何という歌で、どういう歌詞なのかはわかりません。

軍歌でしょうか。それとも戦時中にソ連で大流行した戦時歌謡、国民的人気作曲家M・ブランテル作曲の『パッド・ズヴェズダーミ・バルカンスキミ』(バルカンの星の下に)だったのか、『アガニョーク』(ともしび)だったのか、それとももっと高尚な歌曲だったのか、それはわからない。しかし、とにかく十二歳の敗戦国の少年は、その歌声に大きなショックをうけたのです。

彼らの姿が見えなくなった後も、私はその場をしばらく離れることができませんでした。そして、そのとき私は自分が大なにか、この世ならざるものに出会ったような感覚でした。そして、そのとき私は自分が大混乱におちいっていることに気づいたのです。

少年の青くさい考えでは、美しいものは善き魂によって創り出される、というのが理屈です。ケダモノがうたえばケダモノの声になる。

いましがた私の前を通りすぎていった連中は、「マダム・ダヴァイ」のケダモノの群れです。兵士とも呼べない無頼の集団だ。

そのケダモノたちが、自分の心と体をしびれさせて動けなくなるほどの美しい歌声をつくり出した。そんな事はありえない。しかし、ありえないことを自分は体験した。これは一体、どういうことなのか。いま、何がおこったのか。

それは十二歳の幼稚な頭では、どうにも解きようのないどす黒い「謎」となって私の心に住みつきました。

「ロスケ」の文学

その日から七十五年あまりの歳月が過ぎました。あの時、私が抱えこんだ大きな謎は、心の最深部に重い滓のように沈澱して、引き揚げ後も長く残って消えませんでした。

美しい心の持主だけが美しい歌をうたうことができる。ケダモノはケダモノの歌をうたう。

それが自然の理です。

しかし十二歳の私があの日にきいた歌声は、この世のものとは思えない心に迫る歌だった。「善因善果　悪因悪果」という言葉は素直に納得できるものです。しかし、あのとき少年の私が耳にしたのは、この世のものとは思えない感動的な歌声だった。それはなぜか。どうしてそんなことがあり得るのか。

引き揚げ後、中学、高校と年を重ねていっても、その答えはどこにも見つからなかったのです。ひょっとしたら、と期待しながら、私は十九世紀のロシアの小説を読みあさりました。ドストエフスキー、チェホフ、トルストイ、ゴーゴリ、ツルゲーネフなど、いわゆる定番のロシア文学作品です。

しかし、依然として私が意識の底に抱えた謎は解決できませんでした。

そうこうするうちに、高校を卒業する日が近づいてきました。父親のすすめに従って大川町の家具屋さんに見習いとして住み込むか、そうすればわずかでも家計の足しにと送金できるかもしれない。

しかし、私にはどうしても解決したい問いがあった。それを解くために本格的にロシアの魂に触れてみたい。大学へいこう、そう決めたのは思考のすえではなく、やむにやまれぬ衝動のようなもののせいです。聞くところでは東京の大学には、苦学生が沢山いて、働きながら大学に通っているという。

敗戦後の生活を考えれば、どんなことでもやれるはずだ。よし、上京して大学へいこう。

ロシア語をやっているのは、北海道大学や東大、それに上智などでした。語学を勉強するのではないから外語は外す。やりたいのはロシア文学だ。そうすると早稲田のロシア文学科しかないのではないか。

父に申し出て、入学金の五万円と、第一期分の授業料七万五千円だけを出してくれないかと相談しました。

「そうか。おれは大学に行けずに苦労した。よし、金はなんとか工面してみる」

そう言ったあとに、ぽつんと独りごとのように言いました。

「でも、なぜロシア文学なんだ。ロスケは母さんの敵だぞ」

ロスケとは、明治時代からのロシア兵の蔑称です。

ケダモノは誰だったのか

こうして私はなんとか早稲田の露文科、正式には第一文学部ロシア文学専攻科にもぐり込んだのですが、結局、卒業できませんでした。

働きながら学ぶ、というのは体裁のいい言葉ですが、実際には難しいことです。私はさまざまな仕事を転々としながら、ついに学業と生活を両立させることに失敗したのです。

六年あまりも籍を置いていたのですが、結局、学費の滞納が重なって中退、となればそれはそれで形になるのですが、中退というのは一つの正式の資格なんだそうですね。単位を取得した上で、授業料を完納してはじめて認められるものらしい。

「君には中退の資格がない」

と、事務局で言われて、

「どうすればいいんですか」

と、きくと、

「抹籍《まっせき》届けを提出してください」

「じゃあ、それでいいです」

「いや、それでいいですじゃない。あなた本人が抹籍届けを提出して、こちらはそれを受理するということになります」

なんだかわからないけど、借金があると、中退もだめらしいんですね。それで抹籍願いを出して、ようやく大学から籍を抜くことができました。

それから二十年間ほど、大学中退を詐称してきたのです。まあ、当時は大学中退でなきゃ文士じゃない、みたいな雰囲気の時代でしたから、ちゃんと卒業したくせに中退と称する作家も結構いたんですね。

ところが、作家として自立してのちに、ひょんな事から滞納していた授業料を全額払うことになりました。すると、正式に事務局から、「中退証明書」が届きました。晴れて今は合法的に中退と称しています。

話が横道にそれましたが、大学でロシア文学をちょっと齧ったくらいで、積年の謎がとけるわけはありません。

それよりも、もっと大きな問題に突き当って立往生してしまいました。

それはあの敗戦のさなかでは、第一線の戦闘部隊もケダモノ化していたが、自分もじつは同じようにケダモノ化して生き延びたのだ、という事実でした。

引き揚げは公式に行われた所もありますが、満州、北朝鮮では逃亡、脱北といった逃避行でした。国が帰してくれたのではないのです。私たち一家も、徒歩で三十八度線をこえ、多くの脱落者を置き去りにしながら南側の米軍キャンプまでたどりついたのでした。そのなかでは、優しい人間的な人は生き残れませんでした。エゴと執着の塊りのような悪人だけが、他人を蹴落として生き延びたのです。

親鸞のほうへ

ながながと話を続けて、やっと大学をヨコに出たあたりまでしか話が進みませんでした。ここまでは実は本題のアプローチです。私がお話ししたかったのは、どのようにして自分が親鸞という存在と出会ったか、ということでした。

ケダモノとしてソ連兵を見ていた自分も、敗戦から引き揚げの渦中で、同じケダモノの仲間入りをしていたと意識するのは、命からがら母国に帰国してからのことです。自分が生き残るため、そして幼い弟と妹を連れて帰るためには、どんなことでもする気だったのです。

そして実際にそれをやって生き延びてきた。そして、帰ってきた人間は、みな悪人である、とつくづく納得したのです。人を突きとばして先にトラックに乗る人間だけが生き残って帰国できた。自分の手は汚れている、自分もケダモノの子だという意識は、帰国したときからずっと心にわだかまって一瞬も消えることがなかったのです。

父親も同じ思いを抱いていたようです。自暴自棄とも見えるようなすさんだ生活のあとに、失意のまま世を去りました。

心にしみついた黒い滓は、その後もずっと消えることがありませんでした。私が若い頃から周期的に現実からリタイアしようとする傾向は、たぶん、そこに起因しているのでしょう。

大学をヨコに出てから身をおいたマスコミの底辺から、ややましな現場にたどりついた後も、周期的にその病いは訪れてきました。いわゆる「鬱」というのではありません。なにもかもが面倒くさく、そこから離れていこうとする欲求です。

三十代にさしかかる頃、それが再度、訪れてきました。テレビ、ラジオ、CM、レコード、ステージなどの業界で、どうやら仕事を確保できた時期です。その他いろいろあって、それらを投げだし、北陸へ逃亡しました。町の貸し本屋さんでもやろうか、と考えていました。当時は貸し本屋さんが人気があったのです。

その地で出会ったのが、暁烏敏、高光大船、清沢満之、蓮如、親鸞という人びとだったのです。そのあたりのことについては、すでにこの本でもお話ししましたね。ともあれ、大谷大学での講演の前にできたら話そうと考えていたことは、こんなことでした。しかし、結局は時間切れでまとまりのない話しかできず、聞いてくださった方たちに申し訳なく思っています。

敗戦の日から悪に身をひたして生き残ってきた私に、三十代で訪れた親鸞との出会いについては、もっと詳しくお話しする機会があればと思っています。ぜひお話ししておきたいと思うのですが、それは無理かもしれないという気もします。まあ、先のことは分かりません。

長いあいだお付き合いいただき、ありがとうございました。

あとがきにかえて

この『私の親鸞』は、新潮講座で少人数の聴衆のために語りおろした話を文章にしたものに、その他の場所で書いたものを加えて、まとめた一冊です。読み返してみると、まことに粗雑な感じがしますが、私の本音が自然に露呈しているようで、あえて形を整えるより、このほうがいいような気がしたのです。

この本のなかの自分語りのような文章は、私がこれまでずっと封印してきた引き揚げ前後の記憶の一端が、ついあふれ出してしまった感じがします。私という人間が、どうして親鸞のような求道的な感じの人物に心惹かれることになったのかは、自分でもよく分かりません。過去の記憶をまさぐるなかで、少しずつ少しずつ自分でも納得できるようになるのかも、と思っています。

この文章が新潮選書の一冊に加えられることは、何よりも嬉しいことです。この一冊を世に出すきっかけを作ってくれた阿部正孝さん、そして厄介な編集を担当してくださった三辺直太さんに、心からお礼を申し上げたいと思います。

読み返してみると、乱暴で非常識な発言も少なくありません。そこは小説家の私見として笑って読んでいただければ嬉しいのですが。

横浜にて

五木寛之

新潮選書

私《わたし》の親鸞《しんらん》　孤独《こどく》に寄《よ》りそうひと

著　者……………… 五木寛之《いつきひろゆき》

発　行……………… 2021年10月25日
3　刷　　　　　　 2021年12月10日

発行者……………… 佐藤隆信
発行所……………… 株式会社新潮社
〒162-8711 東京都新宿区矢来町71
電話　編集部 03-3266-5611
読者係 03-3266-5111
https://www.shinchosha.co.jp
シンボルマーク／駒井哲郎
装幀／新潮社装幀室

印刷所……………… 株式会社光邦
製本所……………… 株式会社大進堂

乱丁・落丁本は、ご面倒ですが小社読者係宛お送り下さい。送料小社負担にてお取替えいたします。価格はカバーに表示してあります。

ISBN 978-4-10-603874-7 C0315

修験道という生き方　宮城泰年　田中利典　内山節

未完の西郷隆盛　日本人はなぜ論じ続けるのか　先崎彰容

尊皇攘夷　水戸学の四百年　片山杜秀

死にかた論　佐伯啓思

反知性主義　アメリカが生んだ「熱病」の正体　森本あんり

不寛容論　アメリカが生んだ「共存」の哲学　森本あんり

日本信仰の源流とは？　修験を代表する実践者であり理論家でもある二人の高僧と「里の思想家」内山節が、日本古来の山岳信仰の歴史と現在を語り尽くす。《新潮選書》

アジアか西洋か。道徳か経済か。天皇か革命か。福澤諭吉・頭山満から、司馬遼太郎・江藤淳まで、西郷に「国のかたち」を問い続けた思想家たちの一五〇年。《新潮選書》

天皇が上か、将軍が上か？　維新は水戸学の究極の問いから始まった。徳川光圀から三島由紀夫の自決まで、日本のナショナリズムの源流をすべて解き明かす。《新潮選書》

日本人は「死」にどう向き合うべきなのか。欧米との違い、仏教の影響、そして私たちのこころの奥底にある死生観――社会思想の大家による渾身の論考。《新潮選書》

民主主義の破壊者か。平等主義の伝道者か。米国のキリスト教と自己啓発の歴史から、反知性主義の恐るべきパワーと意外な効用を鮮やかな筆致で描く。《新潮選書》

「不愉快な隣人」と共に生きるにはどうすればいいのか。植民地期のアメリカで、多様性社会を築いた偏屈なピューリタンの「キレイごとぬきの政治倫理」。《新潮選書》